Zauberhafte Torten
Kreative Backkunst für Genießer

Anna Müller

Inhalt

Engelkuchen 10

Goldener Butterkuchen 12

All-in-One-Kaffeeschwamm 13

Tschechischer Biskuitkuchen 14

Einfacher Honigkuchen 15

All-in-One-Zitronenschwamm 16

Lemon Chiffon-Kuchen 17

Zitronenkuchen 19

Zitronen-Vanille-Kuchen 21

Madeiratorte 22

Gänseblümchenkuchen 23

Heißer Milchkuchen 24

Milchbiskuitkuchen 25

All-in-One-Mokka-Schwamm 26

Muskatkuchen 27

Orangefarbener All-in-One-Schwamm 28

Naturkuchen 29

spanischer Biskuitkuchen 30

Victoria-Kuchen 31

geschlagener Biskuitkuchen 32

Windmühlen-Biskuitkuchen 33

Schweizer Rolle 35

Biskuitrolle mit Äpfeln 36

Kastanienbrötchen mit Cognac 38

Schokoladen-Biskuitrolle 40

Zitronenrolle 42

Zitronen-Honig-Rolle... 44

Limettenmarmelade-Rolle 46

Zitronen-Erdbeer-Roulade 48

Biskuitrolle mit Orange und Mandeln... 51

Biskuitrolle mit Erdbeeren Rücken an Rücken... 54

All-in-One-Schokoladenkuchen... 56

Schokoladen- und Bananenbrot 57

Mandel-Schokoladenkuchen 58

Schokoladen-Mandel-Eiscremetorte 59

Schokoladen-Engelskuchen 61

Amerikanischer Schokoladenkuchen 63

Schokoladen-Apfelkuchen 65

Schokoladen-Brownie-Kuchen 67

Schokoladen-Buttermilch-Kuchen 69

Mandel-Schokoladenkuchen 70

Schokoladen-Sahne-Torte... 72

Dattel-Schokoladenkuchen 73

Familienschokoladenkuchen.. 75

Teufelskuchen mit Marshmallow-Zuckerguss 76

Traumhafter Schokoladenkuchen 78

Schwimmender Schokoladenkuchen 80

Schokoladen-Haselnuss-Kuchen 81

Schokoladenkuchen 83

Schokoladenkuchen 85

Italienischer Schokoladenkuchen 87

Schokoladen-Haselnuss-Eistorte.. 89

Italienischer Brandy-Schokoladen-Sahne-Kuchen 92

Schokoladen-Millefeuille 93

Saftiger Schokoladenkuchen 95

Mokka-Kuchen 96

Matschkuchen 97

Knuspriger Mississippi Mud Pie 98

Schokoladen- und Nusskuchen 100

Reichhaltiger Schokoladenkuchen 101

Schokoladen-, Walnuss- und Kirschkuchen 102

Schokoladen-Rum-Kuchen 104

Schokoladensandwich 105

Johannisbrot-Walnuss-Kuchen 107

Kümmelkuchen 109

Mandelreiskuchen 110

Bierkuchen 111

Bier- und Dattelkuchen 113

Battenburg-Kuchen 115

Kaffee Kuchen 117

Streusel-Kaffeekuchen 118

Tropfender Bauernhofkuchen 119

Amerikanischer Lebkuchen mit Zitronensauce 120

Kaffee-Lebkuchen 122

Ingwer-Sahne-Torte 123

Liverpooler Ingwerkuchen 124

Hafer-Lebkuchen 125

Klebriger Lebkuchen 127

Vollkorn-Lebkuchen 128

Honig-Mandel-Kuchen 129

Zitroneneiskuchen 130

Eistee-Ring 131

Lardy-Kuchen 133

Kümmel-Speckkuchen 135

Marmorkuchen 136

Lincolnshire-Schichtkuchen 137

Brotkuchen 138

Marmeladenkuchen 139

Mohnkuchen 141

Naturjoghurtkuchen 142

Pflaumen-Sahne-Torte 143

Himbeerkuchen mit Schokoladenglasur 145

Sandkuchen 146

Samenkuchen 147

Würziger Gugelhupf 148

Würziger Schichtkuchen 149

Zimt-Zucker-Kuchen 150

Viktorianischer Teekuchen 151

All-in-One-Obstkuchen 152

All-in-One-Obstkuchen 153

australischer Obstkuchen 154

Amerikanischer reichhaltiger Kuchen 155

Johannisbrotfruchtkuchen 157

Kaffeefruchtkuchen 158

Kornischer schwerer Kuchen 160

Johannisbeerkuchen 161

Schwarzer Obstkuchen 162

Atemberaubender Kuchen 164

Dundee-Kuchen 165

Obstkuchen über Nacht ohne Eier 166

Unfehlbarer Obstkuchen 167

Ingwer-Früchtekuchen 169

Bauernhof-Honig-Fruchtkuchen 170

Genua-Kuchen 172

Fruchteiskuchen 174

Guinness-Früchtekuchen 175

Hackfleischkuchen 177

Haferflocken-Aprikosen-Früchtekuchen 178

Obstkuchen über Nacht 179

Rosinen- und Gewürzkuchen 180

Richmond-Kuchen 181

Safranfruchtkuchen 182

Obstkuchen mit Limonade 184

Schneller Obstkuchen 185

Obstkuchen mit heißem Tee 186

Kalter Tee-Früchtekuchen 187

Obstkuchen ohne Zucker 188

Obst-Cupcakes 190

Essigfruchtkuchen 191

Virginia-Whisky-Kuchen 192

Walisischer Obstkuchen 193

Weißer Obstkuchen 194

Apfelkuchen 195

Würziger und knuspriger Apfelkuchen	196
Amerikanischer Apfelkuchen	197
Apfelpüree-Kuchen	198
Apfelweinkuchen	199
Apfel-Zimt-Kuchen	200
spanischer Apfelkuchen	201
Sultaninen-Apfelkuchen	203
Apfel-Upside-Down-Kuchen	204
Aprikosenbrotkuchen	206
Aprikosen-Ingwer-Kuchen	207
Aprikosenkuchen	208
Bananenkuchen	209
Knuspriger Bananenkuchen	210
Bananenschwamm	211
Ballaststoffreicher Bananenkuchen	212
Bananen-Zitronen-Kuchen	213
Schokoladen-Bananen-Kuchen im Mixer	214
Bananen-Erdnuss-Kuchen	215
All-in-One-Bananen-Rosinen-Kuchen	216
Bananen-Whisky-Kuchen	217
Blaubeerkuchen	218
Kieselkuchen mit Kirschen	219
Kirsch-Kokos-Kuchen	220
Sultaninen-Kirsch-Kuchen	221

Engelkuchen

Ergibt einen 9"/23 cm großen Kuchen

75 g/3 oz/¾ Tasse einfaches Mehl (Allzweck)

25 g / 1 oz / 2 EL Maismehl (Maisstärke)

Eine Prise Salz

225 g/8 oz/1 Tasse Puderzucker (superfein)

10 Eiweiß

1 Esslöffel Zitronensaft

1 TL Weinstein

1 Teelöffel Vanilleessenz (Extrakt)

Mehl und Salz mit einem Viertel des Zuckers vermischen und gut sieben. Die Hälfte des Eiweißes mit der Hälfte des Zitronensafts schaumig schlagen. Die Hälfte des Weinsteins und einen Teelöffel Zucker dazugeben und verrühren, bis sich steife Spitzen bilden. Wiederholen Sie den Vorgang mit dem restlichen Eiweiß, falten Sie es dann zusammen und fügen Sie nach und nach den restlichen Zucker und die Vanilleessenz hinzu. Geben Sie die Mehlmischung nach und nach zum Eiweiß hinzu. In eine gefettete 9-cm-/23-cm-Springform (Rohrform) füllen und im vorgeheizten Backofen bei 180 °C/Thermostat 4 45 Minuten backen, bis sich die Masse fest anfühlt. Drehen Sie die Form um und lassen Sie sie auf einem Kuchengitter abkühlen, bevor Sie sie aus der Form nehmen.

Sahne steif schlagen. Die Hälfte davon auf einem der Kuchen verteilen, die Brombeeren darauf verteilen und mit der restlichen Creme bestreichen. Mit dem zweiten Kuchen bedecken und servieren.

Goldener Butterkuchen

Ergibt einen 9"/23 cm großen Kuchen

8 oz/1 Tasse Butter oder Margarine, weich

450 g/1 Pfund/2 Tassen Puderzucker (superfein)

5 Eier, getrennt

8 fl oz/1 Tasse Naturjoghurt

400 g/14 oz/3½ Tassen einfaches Mehl (Allzweck)

10 ml/2 TL Backpulver

Eine Prise Salz

Butter oder Margarine und Zucker cremig rühren, bis die Masse leicht und locker ist. Nach und nach Eigelb und Joghurt unterrühren, dann Mehl, Backpulver und Salz unterrühren. Das Eiweiß steif schlagen und mit einem Metalllöffel vorsichtig unter die Masse heben. In eine gefettete 9-cm-/23-cm-Kuchenform füllen und im vorgeheizten Backofen bei 180 °C/Thermostat 4 45 Minuten lang backen, bis er goldbraun ist und sich weich anfühlt. 10 Minuten in der Form abkühlen lassen, dann aus der Form auf ein Kuchengitter stürzen, um das Abkühlen abzuschließen.

All-in-One-Kaffeeschwamm

Ergibt einen 8"/20 cm großen Kuchen

100 g/4 oz/½ Tasse Butter oder Margarine, weich

100 g/4 oz/½ Tasse Puderzucker (superfein)

100 g/4 oz/1 Tasse selbstaufgehendes (selbstaufgehendes) Mehl

2,5 ml/½ TL Backpulver

15 ml/1 EL Instantkaffeepulver, gelöst in 10 ml/2 TL heißem Wasser

2 Eier

Alle Zutaten vermischen, bis alles gut vermischt ist. In eine gefettete und mit Backpapier ausgelegte Kuchenform (8"/20 cm) füllen und im vorgeheizten Ofen bei 180 °C/Thermostat 4 30 Minuten lang backen, bis der Teig gut aufgegangen und federnd ist.

Tschechischer Biskuitkuchen

Ergibt einen Kuchen im Format 15 x 25 cm

350 g/12 oz/3 Tassen einfaches Mehl (Allzweckmehl)

2/3 Tasse/4 oz/100 g Puderzucker, gesiebt

100 g/4 oz/1 Tasse gemahlene Haselnüsse oder Mandeln

15 ml/1 EL Backpulver

150 ml/¼ pt/2/3 Tasse Milch

2 Eier, leicht geschlagen

8 fl oz/1 Tasse Sonnenblumenöl

225 g frisches Obst

                    Für die Glasur:

400 ml/14 fl oz/1¾ Tassen Fruchtsaft

20 ml/4 TL Arrowroot

Die trockenen Zutaten miteinander vermischen. Milch, Eier und Öl verrühren und zur Mischung hinzufügen. In eine gefettete flache Kuchenform (15 x 25 cm/6 x 10 cm) füllen und im vorgeheizten Backofen bei 180 °C/Thermostat 4 ca. 35 Minuten backen, bis er fest ist. Abkühlen lassen.

Die Früchte auf dem Boden des Biskuitteigs anordnen. Fruchtsaft und Pfeilwurz zusammen aufkochen, dabei umrühren, bis sie eingedickt sind, dann die Glasur über den Kuchen gießen.

Einfacher Honigkuchen

Ergibt einen 8"/20 cm großen Kuchen

100 g/4 oz/½ Tasse Butter oder Margarine, weich

25 g/1 oz/2 EL Puderzucker (superfein)

60 ml/4 TL klarer Honig

2 Eier, leicht geschlagen

175 g/6 oz/1½ Tassen selbstaufgehendes Mehl (selbstaufgehender)

2,5 ml/½ TL Backpulver

5 ml/1 TL. Zimt

15 ml/1 EL Wasser

Alle Zutaten verrühren, bis eine glatte Masse entsteht. In eine gefettete und mit Backpapier ausgelegte 8-Zoll-/20-cm-Kuchenform (Form) füllen und im vorgeheizten Ofen bei 190 °C/Thermostat 5 30 Minuten lang backen, bis er gut aufgegangen und federnd ist.

All-in-One-Zitronenschwamm

Ergibt einen 8"/20 cm großen Kuchen

100 g/4 oz/½ Tasse Butter oder Margarine, weich

100 g/4 oz/½ Tasse Puderzucker (superfein)

100 g/4 oz/1 Tasse selbstaufgehendes (selbstaufgehendes) Mehl

2,5 ml/½ TL Backpulver

Abgeriebene Schale von 1 Zitrone

15 ml / 1 EL Zitronensaft

2 Eier

Alle Zutaten vermischen, bis alles gut vermischt ist. In eine gefettete und mit Backpapier ausgelegte Kuchenform (8"/20 cm) füllen und im vorgeheizten Ofen bei 180 °C/Thermostat 4 30 Minuten lang backen, bis der Teig gut aufgegangen und federnd ist.

Lemon Chiffon-Kuchen

Ergibt einen 10"/25 cm großen Kuchen

225 g/8 oz/2 Tassen selbstaufgehendes Mehl (selbstaufgehender)

15 ml/1 EL Backpulver

5 ml/1 TL Salz

350 g/12 oz/1½ Tassen Puderzucker (superfein)

7 Eier, getrennt

120 ml/4 fl oz/½ Tasse Öl

6 fl oz/¾ Tasse Wasser

10 ml/2 EL. geriebene Zitronenschale

5 ml/1 TL Vanilleessenz (Extrakt)

2,5 ml/½ TL Weinstein

Mehl, Backpulver, Salz und Zucker vermischen und in der Mitte eine Mulde formen. Eigelb, Öl, Wasser, Zitronenschale und Vanilleessenz verrühren und unter die trockenen Zutaten rühren. Eiweiß und Weinstein steif schlagen. Unter die Kuchenmischung rühren. In eine ungefettete 25 cm/10-Kuchenform füllen und im vorgeheizten Backofen bei 160 °C/325 °F/Thermostat 3 1 Stunde backen. Schalten Sie den Ofen aus, lassen Sie den Kuchen aber noch 8 Minuten ruhen. Aus dem Ofen nehmen und zum Abkühlen auf ein Kühlregal zurückstellen.

Zitronenkuchen

Ergibt einen 900 g/2 Pfund schweren Kuchen

100 g/4 oz/½ Tasse Butter oder Margarine, weich

175 g/6 oz/¾ Tasse Puderzucker (superfein)

2 Eier, leicht geschlagen

175 g/6 oz/1½ Tassen selbstaufgehendes Mehl (selbstaufgehender)

60 ml/4 EL Milch

Abgeriebene Schale von 1 Zitrone

Für den Sirup:

60 ml/4 TL Puderzucker (Süßwaren), gesiebt

45 ml/3 EL Zitronensaft

Butter oder Margarine und Zucker cremig rühren, bis die Masse leicht und locker ist. Nach und nach die Eier, dann das Mehl, die Milch und die Zitronenschale hinzufügen und verrühren, bis die Masse weich ist. In eine gefettete und mit Backpapier ausgelegte 900-g-Kastenform (Dose) füllen und im vorgeheizten Backofen bei 180 °C/Thermostat 4 45 Minuten lang backen, bis er sich federnd anfühlt.

Puderzucker und Zitronensaft vermischen und über den Kuchen gießen, sobald dieser aus dem Ofen kommt. In der Form abkühlen lassen.

20

Zitronen-Vanille-Kuchen

Ergibt einen 900 g/2 Pfund schweren Kuchen

8 oz/1 Tasse Butter oder Margarine, weich

450 g/1 Pfund/2 Tassen Puderzucker (superfein)

4 Eier, getrennt

350 g/12 oz/3 Tassen einfaches Mehl (Allzweckmehl)

10 ml/2 TL Backpulver

200 ml/7 fl oz/kleine 1 Tasse Milch

2,5 ml/½ TL Zitronenessenz (Extrakt)

2,5 ml/½ TL Vanilleessenz (Extrakt)

Butter und Zucker schaumig rühren, dann die Eigelbe unterrühren. Mehl und Backpulver abwechselnd mit der Milch hinzufügen. Zitronen- und Vanilleessenzen hinzufügen. Schlagen Sie das Eiweiß, bis sich weiche Spitzen bilden, und heben Sie es dann vorsichtig unter die Mischung. In eine gefettete 900-g-Kastenform (Dose) füllen und im vorgeheizten Backofen bei 150 °C/300 °F/Thermostat 2 1 ¼ Stunden lang backen, bis es goldbraun ist und sich weich anfühlt.

Madeiratorte

Ergibt einen 7"/18 cm großen Kuchen

6 oz/¾ Tasse/175 g Butter oder Margarine, weich

175 g/6 oz/¾ Tasse Puderzucker (superfein)

3 große Eier

150 g/5 oz/1¼ Tassen selbstaufgehendes Mehl (selbstaufgehender)

100 g/4 oz/1 Tasse einfaches Mehl (Allzweckmehl)

Eine Prise Salz

Abgeriebene Schale und Saft einer halben Zitrone

Butter oder Margarine und Zucker cremig rühren, bis die Masse hell und weich ist. Fügen Sie die Eier einzeln hinzu und schlagen Sie zwischen den einzelnen Zugaben gut durch. Die restlichen Zutaten untermischen. In eine gebutterte und mit Backpapier ausgelegte Kuchenform (18 cm/7) füllen und die Oberfläche ebnen. Im vorgeheizten Backofen bei 160 °C/325 °F/Thermostat 3 1 bis 1 ¼ Stunden lang backen, bis es goldbraun ist und sich weich anfühlt. Lassen Sie es 5 Minuten lang in der Form abkühlen, bevor Sie es auf einem Kuchengitter aus der Form nehmen, um das Abkühlen abzuschließen.

Gänseblümchenkuchen

Ergibt einen 8"/20 cm großen Kuchen

4 Eier, getrennt

15 ml/1 EL Puderzucker (superfein)

175 g/6 oz/1½ Tassen einfaches Mehl (Allzweck)

100 g/4 oz/1 Tasse Kartoffelmehl

2,5 ml/½ TL Vanilleessenz (Extrakt)

1 oz/3 EL/25 g Puderzucker, gesiebt

Eigelb und Zucker verrühren, bis eine helle, cremige Masse entsteht. Nach und nach Mehl, Kartoffelstärke und Vanilleessenz hinzufügen. Das Eiweiß steif schlagen und unter die Masse heben. Die Masse in eine gefettete und mit Backpapier ausgelegte Kuchenform (20 cm/8) füllen und im vorgeheizten Backofen bei 200 °C/Thermostat 6 nur 5 Minuten backen. Nehmen Sie den Kuchen aus dem Ofen und machen Sie mit einem scharfen Messer ein Kreuz darauf. Anschließend kehren Sie so schnell wie möglich zurück in den Ofen und backen weitere 5 Minuten. Die Ofentemperatur auf 180 °C/350 °F/Thermostat 4 reduzieren und weitere 25 Minuten backen, bis der Teig gut aufgegangen und goldbraun ist. Abkühlen lassen und dann mit Puderzucker bestäubt servieren.

Heißer Milchkuchen

Ergibt einen 9"/23 cm großen Kuchen

4 Eier, leicht geschlagen

5 ml/1 TL Vanilleessenz (Extrakt)

450 g/1 Pfund/2 Tassen Kristallzucker

225 g/8 oz/2 Tassen selbstaufgehendes Mehl (selbstaufgehender)

10 ml/2 TL Backpulver

2,5 ml/½ TL Salz

250 ml/8 fl oz/1 Tasse Milch

25 g/1 oz/2 EL Butter oder Margarine

Eier, Vanilleessenz und Zucker verrühren, bis die Masse leicht und schaumig ist. Nach und nach Mehl, Backpulver und Salz hinzufügen. Milch und Butter oder Margarine in einem kleinen Topf zum Kochen bringen, dann in die Mischung einrühren und gut vermischen. In eine gefettete und bemehlte 9-cm-/23-cm-Kuchenform füllen und im vorgeheizten Backofen bei 180 °C/350 °F/Thermostat 4 40 Minuten lang backen, bis er goldbraun ist und sich weich anfühlt.

Milchbiskuitkuchen

Ergibt einen 8"/20 cm großen Kuchen

150 ml/¼ pt/2/3 Tasse Milch

3 Eier

175 g/6 oz/¾ Tasse Puderzucker (superfein)

5 ml/1 TL Zitronensaft

350 g/12 oz/3 Tassen einfaches Mehl (Allzweckmehl)

5 ml/1 TL Backpulver

Die Milch in einem Topf erhitzen. Die Eier in einer Schüssel dick und cremig schlagen, dann den Zucker und den Zitronensaft hinzufügen. Mehl und Backpulver dazugeben und nach und nach mit der heißen Milch glatt rühren. In eine gefettete 20-cm-Kastenform füllen und im vorgeheizten Ofen bei 180 °C/Thermostat 4 20 Minuten backen, bis er gut aufgegangen ist und sich federnd anfühlt.

All-in-One-Mokka-Schwamm

Ergibt einen 8"/20 cm großen Kuchen

100 g/4 oz/½ Tasse Butter oder Margarine, weich

100 g/4 oz/½ Tasse Puderzucker (superfein)

100 g/4 oz/1 Tasse selbstaufgehendes (selbstaufgehendes) Mehl

2,5 ml/½ TL Backpulver

15 ml/1 EL Instantkaffeepulver, gelöst in 10 ml/2 TL heißem Wasser

15 ml/1 EL Kakaopulver (ungesüßte Schokolade)

2 Eier

Alle Zutaten vermischen, bis alles gut vermischt ist. In eine gefettete und mit Backpapier ausgelegte Kuchenform (8"/20 cm) füllen und im vorgeheizten Ofen bei 180 °C/Thermostat 4 30 Minuten lang backen, bis der Teig gut aufgegangen und federnd ist.

Muskatkuchen

Ergibt einen 7"/18 cm großen Kuchen

6 oz/¾ Tasse/175 g Butter oder Margarine, weich

175 g/6 oz/¾ Tasse Puderzucker (superfein)

3 Eier

30 ml/2 EL. süßer Moscatelwein

225 g/8 oz/2 Tassen einfaches Mehl (Allzweck)

10 ml/2 TL Backpulver

Butter oder Margarine und Zucker schaumig schlagen, dann nach und nach die Eier und den Wein unterrühren. Mehl und Backpulver hinzufügen und glatt rühren. In eine gefettete und mit Backpapier ausgelegte Kuchenform (7 cm/18 cm) füllen und im vorgeheizten Backofen (180 °C/350 °F/Thermostat 4) 1 ¼ Stunden lang backen, bis der Teig goldbraun ist und sich weich anfühlt. 5 Minuten in der Form abkühlen lassen, dann aus der Form auf ein Kuchengitter stürzen, um das Abkühlen abzuschließen.

Orangefarbener All-in-One-Schwamm

Ergibt einen 8"/20 cm großen Kuchen

100 g/4 oz/½ Tasse Butter oder Margarine, weich

100 g/4 oz/½ Tasse Puderzucker (superfein)

100 g/4 oz/1 Tasse selbstaufgehendes (selbstaufgehendes) Mehl

2,5 ml/½ TL Backpulver

Abgeriebene Schale von 1 Orange

15 ml/1 EL Orangensaft

2 Eier

Alle Zutaten vermischen, bis alles gut vermischt ist. In eine gefettete und mit Backpapier ausgelegte Kuchenform (8"/20 cm) füllen und im vorgeheizten Ofen bei 180 °C/Thermostat 4 30 Minuten lang backen, bis der Teig gut aufgegangen und federnd ist.

Naturkuchen

Ergibt einen 9"/23 cm großen Kuchen

2 oz/¼ Tasse/50 g Butter oder Margarine

225 g/8 oz/2 Tassen einfaches Mehl (Allzweck)

2,5 ml/½ TL Salz

15 ml/1 EL Backpulver

30 ml/2 EL Puderzucker (superfein)

250 ml/8 fl oz/1 Tasse Milch

Butter oder Margarine in Mehl, Salz und Backpulver einreiben, bis die Mischung wie Semmelbrösel aussieht. Den Zucker einrühren. Nach und nach Milch hinzufügen und glatt rühren. Vorsichtig in eine gefettete Kuchenform (9 cm/23 cm) drücken und im vorgeheizten Backofen bei 160 °C/Thermostat 3 etwa 30 Minuten lang backen, bis er leicht goldbraun ist.

spanischer Biskuitkuchen

Ergibt einen 9"/23 cm großen Kuchen

4 Eier, getrennt

100 g/4 Unzen/½ Tasse Kristallzucker

Abgeriebene Schale einer halben Zitrone

25 g/1 oz/¼ Tasse Maismehl

25 g/1 oz/¼ Tasse einfaches Mehl (Allzweck)

30 ml/2 EL Puderzucker, gesiebt

Eigelb, Zucker und Zitronenschale schaumig schlagen. Nach und nach Maismehl und Mehl unterrühren. Das Eiweiß steif schlagen und dann unter den Teig heben. Gießen Sie die Mischung in eine gefettete quadratische Form von 9/23 cm und backen Sie sie im vorgeheizten Ofen bei 220 °C/425 °F/Thermostat 7 für 6 Minuten. Sofort aus der Form nehmen und abkühlen lassen. Mit Puderzucker bestreut servieren.

Victoria-Kuchen

Ergibt einen 7"/23 cm großen Kuchen

6 oz/¾ Tasse/175 g Butter oder Margarine, weich

¾ Tasse/6 oz/175 g Puderzucker (superfein) plus etwas Zucker zum Bestäuben

3 geschlagene Eier

175 g/6 oz/1½ Tassen selbstaufgehendes Mehl (selbstaufgehender)

60 ml/4 TL Esslöffel Erdbeermarmelade (behalten)

Butter oder Margarine weich schlagen, dann mit Zucker cremig rühren, bis die Masse hell und schaumig ist. Nach und nach die Eier hinzufügen, dann das Mehl hinzufügen. Verteilen Sie die Mischung gleichmäßig auf zwei gefettete und ausgelegte 7-cm-/18-cm-Sandwichpfannen. Im vorgeheizten Backofen bei 190°C/375°F/Thermostat 5 etwa 20 Minuten backen, bis der Teig gut aufgegangen ist und sich weich anfühlt. Zum Abkühlen auf ein Kuchengitter stürzen, dann mit Marmelade bestreichen und mit Zucker bestreuen.

geschlagener Biskuitkuchen

Ergibt einen 8"/20 cm großen Kuchen

2 Eier

75 g/3 oz/1/3 Tasse Puderzucker (superfein)

50 g/2 oz/½ Tasse einfaches Mehl (Allzweck)

120 ml/4 fl oz/½ Tasse doppelte (dicke) Sahne, geschlagen

45 ml/3 EL. Esslöffel Himbeermarmelade (behalten)

Puderzucker (Süßwaren), gesiebt

Eier und Zucker mindestens 5 Minuten lang verrühren, bis sie weiß werden. Mehl einrühren. In eine gefettete und mit Backpapier ausgelegte 8/20-cm-Sandwichform füllen und im vorgeheizten Backofen bei 190 °C/Thermostat 5 20 Minuten lang backen, bis es sich federnd anfühlt. Auf einem Gitter abkühlen lassen.

Den Kuchen horizontal halbieren und die beiden Hälften dann mit Sahne und Marmelade belegen. Puderzucker darüber streuen.

Windmühlen-Biskuitkuchen

Ergibt einen 8"/20 cm großen Kuchen

Für den Kuchen:

175 g/6 oz/1½ Tassen selbstaufgehendes Mehl (selbstaufgehender)

5 ml/1 TL Backpulver

6 oz/¾ Tasse/175 g Butter oder Margarine, weich

175 g/6 oz/¾ Tasse Puderzucker (superfein)

3 Eier

5 ml/1 TL Vanilleessenz (Extrakt)

Für die Glasur (Icing):

100 g/4 oz/½ Tasse Butter oder Margarine, weich

175 g/6 oz/1 Tasse Puderzucker (für Konditoren), gesiebt

75 ml/5 EL. Esslöffel Erdbeermarmelade (behalten)

Zweige Zucker und ein paar Scheiben kandierte Orange und Zitrone (kandiert) zum Dekorieren

Alle Kuchenzutaten cremig rühren, bis eine glatte Masse entsteht. In zwei gefettete und ausgelegte 20-cm-Kuchenformen (Formen) verteilen und im vorgeheizten Backofen (160 °C/325 °F/Thermostat 3) 20 Minuten lang backen, bis er goldbraun ist und sich weich anfühlt. 5 Minuten in den Formen abkühlen lassen, dann zum Abkühlen aus der Form auf ein Kuchengitter stürzen.

Für die Glasur Butter oder Margarine mit Puderzucker cremig rühren, bis eine streichfähige Konsistenz entsteht. Einen Kuchen mit Marmelade bestreichen, dann mit der Hälfte des Zuckergusses bestreichen und den zweiten Kuchen darauf legen. Den restlichen Zuckerguss auf dem Kuchen verteilen und mit einem Spachtel glatt streichen. Schneiden Sie einen 20 cm großen Kreis aus Pergamentpapier (Wachspapier) aus und falten Sie ihn in 8 Segmente. Lassen Sie in der Mitte einen kleinen Kreis frei, um das Papier zusammenzuhalten, schneiden Sie abwechselnd Segmente aus und legen Sie das Papier wie eine Schablone auf den Kuchen. Bestreuen Sie die unbedeckten Abschnitte mit Zuckerzweigen, entfernen Sie dann das Papier und legen Sie die Orangen- und Zitronenscheiben in einem hübschen Muster auf die nicht dekorierten Abschnitte.

Schweizer Rolle

Ergibt eine 8"/20 cm große Rolle

3 Eier

75 g/3 oz/1/3 Tasse Puderzucker (superfein)

75 g/3 oz/¾ Tasse selbstaufgehendes Mehl (selbstaufgehender)

Puderzucker (superfein) zum Bestreuen

75 ml/5 EL. Esslöffel Himbeermarmelade (behalten)

Eier und Zucker etwa 10 Minuten lang verquirlen, bis die Masse sehr hell und dick ist und die Mischung in Streifen aus dem Schneebesen fließt. Das Mehl einrühren und in eine gebutterte und ausgelegte Biskuitrollen-Springform (30 x 20 cm/12 x 8 Zoll) füllen. Im vorgeheizten Backofen bei 200 °C/400 °F/Thermostat 4 10 Minuten backen, bis der Teig gut aufgegangen ist und sich fest anfühlt. Ein sauberes Geschirrtuch (Torchon) mit Puderzucker bestreuen und den Kuchen auf das Geschirrtuch stürzen. Entfernen Sie das Trägerpapier, schneiden Sie die Ränder ab und schneiden Sie mit einem Messer etwa 2,5 cm von der kurzen Kante entfernt den Kuchen bis zur Hälfte ab. Den Kuchen von der Schnittkante her aufrollen. Abkühlen lassen.

Den Kuchen auspacken und mit Marmelade bestreichen, dann wieder aufrollen und mit Puderzucker bestreut servieren.

Biskuitrolle mit Äpfeln

Ergibt eine 8"/20 cm große Rolle

100 g/4 oz/1 Tasse einfaches Mehl (Allzweckmehl)

5 ml/1 TL Backpulver

Eine Prise Salz

225 g/8 oz/1 Tasse Puderzucker (superfein)

3 Eier

5 ml/1 TL Vanilleessenz (Extrakt)

45 ml/3 EL kaltes Wasser

Puderzucker (Süßwaren), gesiebt, zum Bestäuben

100 g/4 oz/1 Tasse Apfelmarmelade (klare Konfitüre)

Mehl, Backpulver, Salz und Zucker vermischen, dann Eier und Vanilleessenz zu einer glatten Masse verrühren. Wasser einrühren. Gießen Sie die Mischung in eine gefettete und bemehlte Kastenform (30 x 20 cm/12 x 8) in einer Schweizer Kastenform (Backform) und backen Sie sie im vorgeheizten Ofen bei 190 °C/375 °F/Thermostat 5 20 Minuten lang, bis sie fest ist fühlt sich federnd an. Ein sauberes Geschirrtuch (Torchon) mit Puderzucker bestreuen und den Kuchen auf das Geschirrtuch stürzen. Entfernen Sie das Trägerpapier, schneiden Sie die Ränder ab und schneiden Sie mit einem Messer etwa 2,5 cm von der kurzen Kante entfernt den Kuchen bis zur Hälfte ab. Den Kuchen von der Schnittkante her aufrollen. Abkühlen lassen.

Rollen Sie den Kuchen aus und bestreichen Sie ihn fast bis zum Rand mit Apfelmarmelade. Nochmals aufrollen und zum Servieren mit Puderzucker bestäuben.

Kastanienbrötchen mit Cognac

Ergibt eine 8"/20 cm große Rolle

3 Eier

100 g/4 oz/½ Tasse Puderzucker (superfein)

100 g/4 oz/1 Tasse einfaches Mehl (Allzweckmehl)

30 ml/2 EL Cognac

Puderzucker (superfein) zum Bestreuen

Zum Garnieren und Dekorieren:

½ PT/1¼ Tassen/300 ml Doppelrahm (dick)

15 ml/1 EL Puderzucker (superfein)

250 g/9 oz/1 große Dose Kastanienpüree

175 g/6 oz/1½ Tassen Zartbitterschokolade (halbsüß)

15 g/½ oz/1 EL. Esslöffel Butter oder Margarine

30 ml/2 EL Cognac

Eier und Zucker verrühren, bis die Masse hell und dick ist. Mehl und Cognac vorsichtig mit einem Metalllöffel unterrühren. In eine gebutterte und mit Backpapier ausgelegte 30 x 20 cm/12 x 8 Springform (Backform) füllen und im vorgeheizten Backofen bei 220 °C/425 °F/Thermostat 7 12 Minuten backen. Ein sauberes Geschirrtuch auf die Arbeitsfläche legen, mit einem Blatt Backpapier (gewachst) abdecken und mit Puderzucker bestreuen.

Den Kuchen auf das Papier stürzen. Entfernen Sie das Trägerpapier, schneiden Sie die Ränder ab und schneiden Sie mit einem Messer etwa 2,5 cm von der kurzen Kante entfernt den Kuchen bis zur Hälfte ab. Den Kuchen von der Schnittkante her aufrollen. Abkühlen lassen.

Für die Füllung Sahne und Zucker steif schlagen. Das Kastanienpüree sieben (seihen) und dann glatt rühren. Die Hälfte der Sahne in das Kastanienpüree geben. Rollen Sie den Kuchen aus und verteilen Sie das Kastanienpüree auf der Oberfläche. Rollen Sie den Kuchen dann erneut aus. Die Schokolade mit Butter oder Margarine und Cognac in einer hitzebeständigen Schüssel über einem Topf mit siedendem Wasser schmelzen. Auf dem Kuchen verteilen und mit einer Gabel Muster einritzen.

Schokoladen-Biskuitrolle

Ergibt eine 8"/20 cm große Rolle

3 Eier

75 g/3 oz/1/3 Tasse Puderzucker (superfein)

50 g/2 Unzen/½ Tasse selbstaufgehendes Mehl (selbstaufgehender Mehl)

25 g/1 oz/¼ Tasse Kakaopulver (ungesüßte Schokolade).

Puderzucker (superfein) zum Bestreuen

120 ml/4 fl oz/½ Tasse Doppelrahm (dick)

Puderzucker (für Süßwaren) zum Bestreuen

Eier und Zucker etwa 10 Minuten lang verquirlen, bis die Masse sehr hell und dickflüssig ist und die Mischung in Streifen aus dem Schneebesen fließt. Mehl und Kakao einrühren und in eine mit Butter bestrichene und ausgekleidete Springform (30 x 20 cm/12 x 8) füllen. Im vorgeheizten Backofen bei 200 °C/400 °F/Thermostat 4 10 Minuten backen, bis der Teig gut aufgegangen ist und sich fest anfühlt. Ein sauberes Geschirrtuch (Torchon) mit Puderzucker bestreuen und den Kuchen auf das Geschirrtuch stürzen. Entfernen Sie das Trägerpapier, schneiden Sie die Ränder ab und schneiden Sie mit einem Messer etwa 2,5 cm von der kurzen Kante entfernt den Kuchen bis zur Hälfte ab. Den Kuchen von der Schnittkante her aufrollen. Abkühlen lassen.

Sahne steif schlagen. Den Kuchen auspacken und mit Sahne bestreichen, dann wieder aufrollen und mit Puderzucker bestreut servieren.

Zitronenrolle

Ergibt eine 8"/20 cm große Rolle

75 g / 3 oz / ¾ Tasse selbstaufgehendes Mehl (selbstaufgehend)

5 ml/1 TL Backpulver

Eine Prise Salz

1 Ei

175 g/6 oz/¾ Tasse Puderzucker (superfein)

15 ml/1 EL Öl

5 ml/1 TL. Zitronenessenz (Extrakt)

6 Eiweiß

2 oz/50 g/1/3 Tasse Puderzucker (für Konditoren), gesiebt

75 ml/5 EL. Zitronenquark

½ PT/1¼ Tassen/300 ml Doppelrahm (dick)

10 ml/2 EL. geriebene Zitronenschale

Mehl, Backpulver und Salz mischen. Schlagen Sie das Ei, bis es dick und zitronenfarben ist, und schlagen Sie dann langsam 2 oz/50 g/¼ Tasse Puderzucker hinein, bis es hell und cremig ist. Öl und Zitronenessenz einrühren. In einer sauberen Schüssel das Eiweiß schlagen, bis weiche Spitzen entstehen, dann nach und nach den restlichen Puderzucker unterrühren, bis die Mischung steife

Spitzen bildet. Das Eiweiß unter das Öl heben, dann das Mehl unterrühren. In eine gebutterte und mit Backpapier ausgelegte 30 x 20 cm große Kuchenform in einer Springform (Backform) füllen und im vorgeheizten Backofen bei 190°C/375°F/Thermostat 5 10 Minuten backen, bis der Teig elastisch ist die Berührung. Decken Sie ein sauberes Tuch mit einem Blatt Pergamentpapier (gewachst) ab und bestreuen Sie es mit Puderzucker. Drehen Sie dann den Kuchen auf dem Tuch um. Entfernen Sie das Trägerpapier, schneiden Sie die Ränder ab, führen Sie ein Messer etwa 2,5 cm von der kurzen Kante entfernt durch und schneiden Sie den Kuchen bis zur Hälfte durch. Den Kuchen von der Schnittkante her aufrollen. Abkühlen lassen.

Den Kuchen ausrollen und mit Zitronencreme bestreichen. Die Sahne steif schlagen und die Zitronenschale unterrühren. Die Zitronencreme darauf verteilen und den Kuchen erneut ausrollen. Vor dem Servieren kühl stellen.

Zitronen-Honig-Rolle

Ergibt eine 8"/20 cm große Rolle

3 Eier

75 g/3 oz/1/3 Tasse Puderzucker (superfein)

Abgeriebene Schale von 1 Zitrone

75 g/3 oz/¾ Tasse einfaches Mehl (Allzweck)

Eine Prise Salz

Puderzucker (feinst) zum Bestreuen Für die Füllung:

175 g/6 oz/¾ Tasse Frischkäse

30 ml/2 EL klarer Honig

Puderzucker (Süßwaren), gesiebt, zum Bestäuben

Eier, Zucker und Zitronenschale in einer hitzebeständigen Schüssel über einem Topf mit siedendem Wasser verquirlen, bis eine dicke und schaumige Masse entsteht und die Mischung in Streifen aus dem Schneebesen fließt. Vom Herd nehmen und 3 Minuten lang verrühren, dann Mehl und Salz hinzufügen. In eine gefettete und ausgelegte Kastenform (30 x 20 cm/12 x 8) in einer Schweizer Kastenform (Backform) gießen und im vorgeheizten Ofen bei 200 °C/400 °F/Thermostat 6 backen, bis es fest ist und sich goldbraun und geschmeidig anfühlt. Decken Sie ein sauberes Küchentuch mit Pergamentpapier (Wachspapier) ab und bestreuen Sie es mit Puderzucker. Drehen Sie dann den Kuchen auf dem Küchentuch um. Entfernen Sie das Trägerpapier, schneiden Sie die Ränder ab und schneiden Sie mit einem Messer etwa 2,5 cm von der kurzen Kante entfernt den Kuchen bis zur Hälfte ab. Den Kuchen von der Schnittkante her aufrollen. Abkühlen lassen.

Frischkäse mit Honig verrühren. Rollen Sie den Kuchen aus, bestreichen Sie ihn mit der Füllung, rollen Sie den Kuchen dann erneut auf und bestreuen Sie ihn mit Puderzucker.

Limettenmarmelade-Rolle

Ergibt eine 8"/20 cm große Rolle

3 Eier

175 g/6 oz/¾ Tasse Puderzucker (superfein)

45 ml/3 EL Wasser

5 ml/1 TL Vanilleessenz (Extrakt)

75 g/3 oz/¾ Tasse einfaches Mehl (Allzweck)

5 ml/1 TL Backpulver

Eine Prise Salz

25 g/1 oz/¼ Tasse gemahlene Mandeln

Puderzucker (superfein) zum Bestreuen

60 ml/4 TL Esslöffel Limettenmarmelade

¼ pt/2/3 Tasse/150 ml doppelte (starke) Sahne, geschlagen

Schlagen Sie die Eier, bis sie hell und dick sind, und fügen Sie dann nach und nach Zucker, Wasser und Vanilleessenz hinzu. Mehl, Backpulver, Salz und gemahlene Mandeln vermischen und zu einer glatten Paste verrühren. In eine gebutterte und mit Backpapier ausgelegte 30 x 20 cm/12 x 8 Springform in einer Schweizer Kastenform (Backform) füllen und im vorgeheizten Backofen bei 180°C/350°F/Thermostat 4 12 Minuten lang knusprig backen Es fühlt sich elastisch an. Bestreuen Sie ein sauberes Geschirrtuch

(Torchon) mit Zucker und stürzen Sie den heißen Kuchen auf das Geschirrtuch. Entfernen Sie das Trägerpapier, schneiden Sie die Ränder ab und schneiden Sie mit einem Messer etwa 2,5 cm von der kurzen Kante entfernt den Kuchen bis zur Hälfte ab. Den Kuchen von der Schnittkante her aufrollen. Abkühlen lassen.

Den Kuchen ausrollen und mit Marmelade und Sahne bestreichen. Nochmals aufrollen und mit etwas mehr Puderzucker bestreuen.

Zitronen-Erdbeer-Roulade

Ergibt eine 8"/20 cm große Rolle

Für die Füllung:

30 ml/2 EL Maisstärke (Maisstärke)

75 g/3 oz/1/3 Tasse Puderzucker (superfein)

120 ml/4 fl oz/½ Tasse Apfelsaft

120 ml/4 fl oz/½ Tasse Zitronensaft

2 leicht geschlagene Eigelb

10 ml/2 EL. geriebene Zitronenschale

15 ml/1 EL Butter

Für den Kuchen:

3 Eier, getrennt

3 Eiweiß

Eine Prise Salz

75 g/3 oz/1/3 Tasse Puderzucker (superfein)

15 ml/1 EL Öl

5 ml/1 TL Vanilleessenz (Extrakt)

5 ml/1 TL. geriebene Zitronenschale

50 g/2 oz/½ Tasse einfaches Mehl (Allzweck)

25 g/1 oz/¼ Tasse Maismehl (Maisstärke)

225 g Erdbeeren, in Scheiben geschnitten

Puderzucker (Süßwaren), gesiebt, zum Bestäuben

Für die Füllung Maisstärke und Zucker in einem Topf vermischen und nach und nach den Apfel- und Zitronensaft hinzufügen. Eigelb und Zitronenschale unterrühren. Bei schwacher Hitze unter ständigem Rühren kochen, bis eine sehr dicke Masse entsteht. Vom Herd nehmen und die Butter einrühren. In eine Schüssel gießen, einen Kreis Pergamentpapier (Wachspapier) auf die Oberfläche legen, abkühlen lassen und dann in den Kühlschrank stellen.

Um einen Kuchen zu backen, schlagen Sie das gesamte Eiweiß mit Salz, bis sich weiche Spitzen bilden. Den Zucker nach und nach einrühren, bis die Masse steif und glänzend ist. Eigelb, Öl, Vanilleessenz und Zitronenschale verrühren. Einen Löffel Eiweiß unterrühren und dann die Eigelbmischung unter das Eiweiß heben. Mehl und Maisstärke einrühren; nicht übermischen. Verteilen Sie die Mischung in einer gefetteten, ausgelegten und bemehlten Biskuitrollenform (Backform) (30 x 20 cm) und backen Sie sie im vorgeheizten Ofen bei 200 °C/400 °F/Thermostat 4 10 Minuten lang, bis sie fertig ist ist golden. Den Kuchen auf ein Blatt Pergamentpapier (Wachspapier) auf einem Kuchengitter stürzen. Entfernen Sie das Trägerpapier, schneiden Sie die Kanten ab und führen Sie ein Messer durch etwa 2,5 cm. Den Kuchen ca. 5 cm von der kurzen Kante entfernt auf halber Höhe einschneiden. Den Kuchen von der Schnittkante her aufrollen. Abkühlen lassen.

Den frischen Kuchen ausrollen, mit der Zitronenfüllung bestreichen und die Erdbeeren darauf verteilen. Die Roulade mithilfe des Papiers erneut aufrollen und zum Servieren mit Puderzucker bestreuen.

Biskuitrolle mit Orange und Mandeln

Ergibt eine 8"/20 cm große Rolle

4 Eier, getrennt

225 g/8 oz/1 Tasse Puderzucker (superfein)

60 ml/4 EL Orangensaft

150 g/5 oz/1¼ Tassen einfaches Mehl (Allzweckmehl)

5 ml/1 TL Backpulver

Eine Prise Salz

5 ml/1 TL Vanilleessenz (Extrakt)

Abgeriebene Schale einer halben Orange

Puderzucker (superfein) zum Bestreuen

Für die Füllung:

2 Orangen

30 ml/2 EL Gelatinepulver

120 ml/4 fl oz/½ Tasse Wasser

8 fl oz/1 Tasse Orangensaft

100 g/4 oz/½ Tasse Puderzucker (superfein)

4 Eigelb

250 ml/8 fl oz/1 Tasse Doppelrahm (dick)

100 g/4 oz/1/3 Tasse Aprikosenmarmelade (aus der Dose), gesiebt (abgetropft)

15 ml/1 EL Wasser

100 g/4 oz/1 Tasse Mandelblättchen (in Scheiben geschnitten), geröstet

Eigelb, Puderzucker und Orangensaft verrühren, bis eine helle, schaumige Masse entsteht. Mit einem Metalllöffel nach und nach Mehl und Backpulver unterrühren. Eiweiß und Salz steif schlagen, dann mit einem Metalllöffel mit Vanilleessenz und abgeriebener Orangenschale unter die Masse rühren. In eine gebutterte und mit Backpapier ausgelegte 30 x 20 cm/12 x 8 Springform (Backform) füllen und im vorgeheizten Backofen bei 200 °C/400 °F/Thermostat 6 10 Minuten backen, bis es sich elastisch anfühlt. Auf ein sauberes, mit Puderzucker bestreutes Geschirrtuch (Torchon) stürzen. Entfernen Sie das Trägerpapier, schneiden Sie die Kanten ab und führen Sie ein Messer etwa 2,5 cm von der kurzen Kante entfernt aus. Den Kuchen bis zur Hälfte durchschneiden. Den Kuchen von der Schnittkante her aufrollen. Abkühlen lassen.

Für die Füllung die Schale einer Orange abreiben. Die beiden Orangen schälen und Schale und Schale entfernen. Die Segmente halbieren und abtropfen lassen. Streuen Sie die Gelatine in einer Schüssel über das Wasser und lassen Sie es schwammig werden. Stellen Sie die Schüssel in einen Topf mit heißem Wasser, bis sie sich aufgelöst hat. Etwas abkühlen lassen. Orangensaft und -schale mit Zucker und Eigelb in einer hitzebeständigen Schüssel verrühren und über einen Topf mit siedendem Wasser geben, bis eine dicke, cremige Masse entsteht. Vom Herd nehmen und die Gelatine einrühren. Gelegentlich umrühren, bis es abgekühlt ist. Die Sahne steif schlagen, dann unter die Masse rühren und kühl stellen.

Den Kuchen ausrollen, mit Orangencreme bestreichen und mit Orangenschnitzen bestreuen. Noch einmal rollen. Die Marmelade mit dem Wasser erhitzen, bis alles gut vermischt ist. Den Kuchen bestreichen und mit gerösteten Mandeln bestreuen, dabei leicht andrücken.

Biskuitrolle mit Erdbeeren Rücken an Rücken

Ergibt eine 8"/20 cm große Rolle

3 Eier

75 g/3 oz/1/3 Tasse Puderzucker (superfein)

75 g/3 oz/¾ Tasse selbstaufgehendes Mehl (selbstaufgehender)

Puderzucker (superfein) zum Bestreuen

75 ml/5 EL. Esslöffel Himbeermarmelade (behalten)

¼ pt/2/3 Tasse/150 ml Schlagsahne oder Sahne (stark)

100g Erdbeeren

Eier und Zucker etwa 10 Minuten lang verquirlen, bis die Masse sehr hell und dickflüssig ist und die Mischung in Streifen aus dem Schneebesen fließt. Das Mehl einrühren und in eine gebutterte und ausgelegte Biskuitrollen-Springform (30 x 20 cm/12 x 8 Zoll) füllen. Im vorgeheizten Backofen bei 200 °C/400 °F/Thermostat 4 10 Minuten backen, bis der Teig gut aufgegangen ist und sich fest anfühlt. Ein sauberes Geschirrtuch (Torchon) mit Puderzucker bestreuen und den Kuchen auf das Geschirrtuch stürzen. Entfernen Sie das Trägerpapier, schneiden Sie die Ränder ab und schneiden Sie mit einem Messer etwa 2,5 cm von der kurzen Kante entfernt den Kuchen bis zur Hälfte ab. Den Kuchen von der Schnittkante her aufrollen. Abkühlen lassen.

Den Kuchen auspacken, mit Marmelade bestreichen und wieder aufrollen. Schneiden Sie den Kuchen der Länge nach in zwei Hälften und legen Sie die abgerundeten Seiten zusammen mit der Schnittseite nach außen auf eine Servierplatte. Schlagen Sie die Sahne steif und löffeln Sie sie dann über die Oberseite und den Rand des Kuchens. Schneiden Sie die Erdbeeren in Scheiben oder vierteln Sie sie, wenn sie groß sind, und verteilen Sie sie dekorativ auf der Torte.

All-in-One-Schokoladenkuchen

Ergibt einen 8"/20 cm großen Kuchen

100 g/4 oz/½ Tasse Butter oder Margarine, weich

100 g/4 oz/½ Tasse Puderzucker (superfein)

100 g/4 oz/1 Tasse selbstaufgehendes (selbstaufgehendes) Mehl

15 ml/1 EL Kakaopulver (ungesüßte Schokolade)

2,5 ml/½ TL Backpulver

2 Eier

Alle Zutaten vermischen, bis alles gut vermischt ist. In eine gefettete und mit Backpapier ausgelegte Kuchenform (8"/20 cm) füllen und im vorgeheizten Ofen bei 180 °C/Thermostat 4 30 Minuten lang backen, bis der Teig gut aufgegangen und federnd ist.

Schokoladen- und Bananenbrot

Ergibt ein 900 g/2 Pfund schweres Brot

2/3 Tasse/5 oz/150 g Butter oder Margarine

2/3 Tasse/5 oz/150 g weicher brauner Zucker

150 g/5 oz/1¼ Tassen Zartbitterschokolade (halbsüß)

2 Bananen, zerdrückt

3 geschlagene Eier

200 g/7 oz/1¾ Tassen einfaches Mehl (Allzweck)

10 ml/2 TL Backpulver

Butter oder Margarine mit Zucker und Schokolade schmelzen. Vom Herd nehmen, dann Bananen, Eier, Mehl und Backpulver einrühren, bis eine glatte Masse entsteht. In eine gefettete und ausgelegte 900-g-Kastenform (Dose) füllen und im vorgeheizten Ofen bei 150 °C/Thermostat 3 1 Stunde lang backen, bis er sich federnd anfühlt. Lassen Sie es 5 Minuten lang in der Form abkühlen, bevor Sie es aus der Form lösen und auf einem Kuchengitter abschließend abkühlen lassen.

Mandel-Schokoladenkuchen

Ergibt einen 8"/20 cm großen Kuchen

100 g/4 oz/½ Tasse Butter oder Margarine, weich

100 g/4 oz/½ Tasse Puderzucker (superfein)

2 Eier, leicht geschlagen

2,5 ml/½ TL. Mandelessenz (Extrakt)

100 g/4 oz/1 Tasse selbstaufgehendes (selbstaufgehendes) Mehl

25 g/1 oz/¼ Tasse Kakaopulver (ungesüßte Schokolade).

2,5 ml/½ TL Backpulver

45 ml/3 EL. gemahlene Mandeln

60 ml/4 EL Milch

Puderzucker (für Süßwaren) zum Bestreuen

Butter oder Margarine und Zucker cremig rühren, bis die Masse leicht und locker ist. Nach und nach die Eier und das Mandelessenz hinzufügen, dann Mehl, Kakao und Backpulver hinzufügen. Gemahlene Mandeln und so viel Milch unterrühren, bis eine weiche Konsistenz entsteht. Gießen Sie die Mischung in eine gefettete und ausgelegte 20-cm-Kuchenform (Form) und backen Sie sie im vorgeheizten Ofen bei 200 °C/Thermostat 6 15–20 Minuten lang, bis sie locker und weich ist. Mit Puderzucker bestreut servieren.

Schokoladen-Mandel-Eiscremetorte

Ergibt einen 9"/23 cm großen Kuchen

225 g/8 oz/2 Tassen Zartbitterschokolade (halbsüß)

8 oz/1 Tasse Butter oder Margarine, weich

225 g/8 oz/1 Tasse Puderzucker (superfein)

5 Eier, getrennt

225 g/8 oz/2 Tassen selbstaufgehendes Mehl (selbstaufgehender)

100 g/4 oz/1 Tasse gemahlene Mandeln

Für die Glasur (Icing):

175g/6oz/1 Tasse Puderzucker

25 g/1 oz/¼ Tasse Kakaopulver (ungesüßte Schokolade).

30 ml/2 EL. Cointreau

30 ml/2 EL Wasser

Blanchierte Mandeln zum Garnieren

Die Schokolade in einer hitzebeständigen Schüssel über einem Topf mit siedendem Wasser schmelzen. Etwas abkühlen lassen. Butter oder Margarine und Zucker cremig rühren, bis die Masse leicht und locker ist. Eigelb verquirlen, dann die geschmolzene Schokolade hineingießen. Mehl und gemahlene Mandeln hinzufügen. Das Eiweiß steif schlagen und nach und nach unter die

Schokoladenmasse heben. In eine gefettete und ausgelegte 9-cm-/23-cm-Kuchenform füllen und im vorgeheizten Ofen bei 180 °C/350 °F/Thermostat 4 1½ Stunden lang backen, bis der Teig gut aufgegangen ist und sich federnd anfühlt. Abkühlen lassen.

Für die Glasur Puderzucker und Kakao vermischen und in der Mitte eine Mulde formen. Cointreau und Wasser erhitzen, dann nach und nach so viel Flüssigkeit mit dem Puderzucker verrühren, dass eine streichfähige Glasur entsteht. Den Kuchen glattstreichen und vor dem Abkühlen Muster in den Zuckerguss einritzen. Mit Mandeln dekorieren.

Schokoladen-Engelskuchen

Ergibt einen 900 g/2 Pfund schweren Kuchen

6 Eiweiß

Eine Prise Salz

5 ml/1 TL Weinstein

450 g/1 Pfund/2 Tassen Puderzucker (superfein)

2,5 ml/½ TL Zitronensaft

Ein paar Tropfen Vanilleessenz (Extrakt)

100 g/4 oz/1 Tasse einfaches Mehl (Allzweckmehl)

50 g/2 oz/½ Tasse Kakaopulver (ungesüßte Schokolade).

5 ml/1 TL Backpulver

Für die Glasur (Icing):

175 g/6 oz/1 Tasse Puderzucker (für Konditoren), gesiebt

5 ml/1 TL. Kakaopulver (ungesüßte Schokolade)

Ein paar Tropfen Vanilleessenz (Extrakt)

30 ml/2 EL Milch

Eiweiß und Salz schlagen, bis sich weiche Spitzen bilden. Den Weinstein dazugeben und steif schlagen. Zucker, Zitronensaft und Vanilleessenz hinzufügen. Mehl, Kakao und Backpulver vermischen und unter die Masse heben. In eine gefettete und mit

Backpapier ausgelegte 900-g-Kastenform (Dose) füllen und im vorgeheizten Backofen bei 180 °C/Thermostat 4 1 Stunde lang backen, bis er fest ist. Sofort aus der Form nehmen und auf einem Kuchengitter abkühlen lassen.

Für den Zuckerguss alle Zuckergusszutaten verrühren, bis eine glatte Masse entsteht, und nach und nach die Milch dazugeben. Über den abgekühlten Kuchen träufeln.

Amerikanischer Schokoladenkuchen

Ergibt einen 9"/23 cm großen Kuchen

175 g/6 oz/1½ Tassen einfaches Mehl (Allzweck)

45 ml/3 EL Kakaopulver (ungesüßte Schokolade)

5 ml/1 TL Backpulver (Backpulver)

225 g/8 oz/1 Tasse Puderzucker (superfein)

75 ml/5 EL Öl

15 ml / 1 EL Weißweinessig

5 ml/1 TL Vanilleessenz (Extrakt)

250 ml/8 fl oz/1 Tasse kaltes Wasser

Für die Glasur (Icing):

50 g/2 oz/¼ Tasse Frischkäse

30 ml/2 EL. Esslöffel Butter oder Margarine

2,5 ml/½ TL Vanilleessenz (Extrakt)

175 g/6 oz/1 Tasse Puderzucker (für Konditoren), gesiebt

Die trockenen Zutaten vermischen und in der Mitte eine Mulde formen. Öl, Weinessig und Vanilleessenz dazugeben und gut vermischen. Kaltes Wasser hinzufügen und erneut verrühren, bis eine glatte Masse entsteht. In eine mit Butter bestrichene 23-cm-

/9-cm-Form füllen und im vorgeheizten Backofen bei 180 °C/Thermostat 4 30 Minuten backen. Abkühlen lassen.

Für den Zuckerguss Frischkäse, Butter oder Margarine und Vanilleessenz verrühren, bis die Masse leicht und locker ist. Nach und nach Puderzucker einrühren, bis eine glatte Masse entsteht. Auf dem Kuchen verteilen.

Schokoladen-Apfelkuchen

Ergibt einen 8"/20 cm großen Kuchen

2 Kochäpfel (Kuchen)

Zitronensaft

100 g/4 oz/½ Tasse Butter oder Margarine, weich

225 g/8 oz/1 Tasse Puderzucker (superfein)

2 Eier, leicht geschlagen

5 ml/1 TL Vanilleessenz (Extrakt)

2¼ Tassen/9 oz/250 g einfaches Mehl (Allzweckmehl)

25 g/1 oz/¼ Tasse Kakaopulver (ungesüßte Schokolade).

5 ml/1 TL Backpulver

5 ml/1 TL Backpulver (Backpulver)

150 ml/¼ pt/2/3 Tasse Milch

Für die Glasur (Icing):

22/3 Tassen/1 Pfund/450 g Puderzucker, gesiebt

25 g/1 oz/¼ Tasse Kakaopulver (ungesüßte Schokolade).

2 oz/¼ Tasse/50 g Butter oder Margarine

75 ml/5 EL Milch

Die Äpfel schälen, entkernen, fein hacken und mit etwas Zitronensaft beträufeln. Butter oder Margarine und Zucker cremig rühren, bis die Masse leicht und locker ist. Eier und Vanilleessenz nach und nach unterrühren, dann abwechselnd Mehl, Kakao, Backpulver und Natron mit der Milch unterrühren, bis alles gut vermischt ist. Gehackte Äpfel unterrühren. In eine mit Butter bestrichene und ausgelegte Kastenform (8 Zoll/20 cm) füllen und im vorgeheizten Ofen bei 180 °C/350 °F/Thermostat 4 45 Minuten lang backen, bis ein Zahnstocher in der Mitte sauber herauskommt. 10 Minuten in der Form abkühlen lassen, dann aus der Form auf ein Kuchengitter stürzen, um das Abkühlen abzuschließen.

Für den Zuckerguss Puderzucker, Kakao und Butter oder Margarine verrühren und gerade so viel Milch hinzufügen, dass die Mischung glatt und cremig ist. Den Kuchen oben und an den Rändern verteilen und mit einer Gabel Muster einritzen.

Schokoladen-Brownie-Kuchen

Ergibt einen Kuchen im Format 15 x 10"/38 x 25 cm

100 g Butter oder Margarine

100 g/4 oz/½ Tasse Schmalz (Backfett)

250 ml/8 fl oz/1 Tasse Wasser

25 g/1 oz/¼ Tasse Kakaopulver (ungesüßte Schokolade).

225 g/8 oz/2 Tassen einfaches Mehl (Allzweck)

450 g/1 Pfund/2 Tassen Puderzucker (superfein)

120 ml/4 fl oz/½ Tasse Buttermilch

2 geschlagene Eier

5 ml/1 TL Backpulver (Backpulver)

Eine Prise Salz

5 ml/1 TL Vanilleessenz (Extrakt)

Butter oder Margarine, Schmalz, Wasser und Kakao in einem kleinen Topf schmelzen. Mehl und Zucker in einer Schüssel vermischen, die geschmolzene Mischung hineingießen und gut vermischen. Die restlichen Zutaten hinzufügen und verrühren, bis alles gut vermischt ist. In eine gefettete und bemehlte Schweizer Kastenform (Backform) füllen und im vorgeheizten Backofen bei 200 °C/400 °F/Thermostat 6 20 Minuten backen, bis es sich federnd anfühlt.

Schokoladen-Buttermilch-Kuchen

Ergibt einen 9"/23 cm großen Kuchen

225 g/8 oz/2 Tassen selbstaufgehendes Mehl (selbstaufgehender)

350 g/12 oz/1½ Tassen Puderzucker (superfein)

5 ml/1 TL Backpulver (Backpulver)

2,5 ml/½ TL Salz

100 g Butter oder Margarine

250 ml/8 fl oz/1 Tasse Buttermilch

2 Eier

50 g/2 oz/½ Tasse Kakaopulver (ungesüßte Schokolade).

Amerikanischer Samtguss

Mehl, Zucker, Backpulver und Salz vermischen. Butter oder Margarine einreiben, bis die Mischung wie Semmelbrösel aussieht, dann Buttermilch, Eier und Kakao unterrühren und weiter schlagen, bis eine glatte Masse entsteht. Teilen Sie die Mischung auf zwei gefettete und ausgelegte 9-cm-/23-cm-Sandwichformen auf und backen Sie sie 30 Minuten lang im vorgeheizten Ofen bei 180 °C/Thermostat 4, bis ein Zahnstocher in der Mitte herauskommt. Mit der Hälfte des American Velvet Frosting belegen und den Kuchen mit dem Rest bedecken. Nehmen wir.

Mandel-Schokoladenkuchen

Ergibt einen 8"/20 cm großen Kuchen

6 oz/¾ Tasse/175 g Butter oder Margarine, weich

175 g/6 oz/¾ Tasse Puderzucker (superfein)

3 Eier, leicht geschlagen

225 g/8 oz/2 Tassen selbstaufgehendes Mehl (selbstaufgehender)

50 g/2 oz/½ Tasse gemahlene Mandeln

100g/4oz/1 Tasse Schokoladenstückchen

30 ml/2 EL Milch

1 oz/¼ Tasse Mandelblättchen (gehackt)

Butter oder Margarine und Zucker cremig rühren, bis die Masse leicht und locker ist. Nach und nach die Eier hinzufügen, dann das

Mehl, die gemahlenen Mandeln und die Schokoladenstückchen hinzufügen. So viel Milch einrühren, dass eine tropfenartige Konsistenz entsteht, dann die Mandelblättchen unterrühren. In eine mit Butter bestrichene und ausgelegte Kastenform (8 Zoll/20 cm) füllen und im vorgeheizten Ofen bei 180 °C/350 °F/Thermostat 4 1 Stunde lang backen, bis ein Zahnstocher in der Mitte sauber herauskommt. 5 Minuten in der Form abkühlen lassen, dann aus der Form auf ein Kuchengitter stürzen, um das Abkühlen abzuschließen.

Schokoladen-Sahne-Torte

Ergibt einen 7"/18 cm großen Kuchen

4 Eier

100 g/4 oz/½ Tasse Puderzucker (superfein)

2½ oz/60 g/2/3 Tasse einfaches Mehl (Allzweck)

25 g/1 oz/¼ Tasse Trinkschokoladenpulver

¼ pt/2/3 Tasse/150 ml Doppelrahm (stark)

Eier und Zucker verrühren, bis die Masse hell und schaumig ist. Mehl und Trinkschokolade unterrühren. Die Mischung auf zwei gefettete und ausgelegte 7-cm-/18-cm-Sandwichformen verteilen und im vorgeheizten Backofen bei 200 °C/Thermostat 6 15 Minuten lang backen, bis sie sich federnd anfühlt. Auf einem Kuchengitter abkühlen lassen. Schlagen Sie die Sahne steif und belegen Sie die Kuchen damit.

Dattel-Schokoladenkuchen

Ergibt einen 8"/20 cm großen Kuchen

25 g/1 Unze/1 Quadrat Zartbitterschokolade (halbsüß)

175 g/6 oz/1 Tasse entkernte Datteln (entsteint), gehackt

5 ml/1 TL Backpulver (Backpulver)

13 fl oz/375 ml 1½ Tassen kochendes Wasser

6 oz/¾ Tasse/175 g Butter oder Margarine, weich

225 g/8 oz/1 Tasse Puderzucker (superfein)

2 geschlagene Eier

175 g/6 oz/1½ Tassen einfaches Mehl (Allzweck)

2,5 ml/½ TL Salz

50 g/2 oz/¼ Tasse Kristallzucker

100 g/4 oz/1 Tasse Zartbitterschokoladenstückchen (halbsüß)

Schokolade, Datteln, Backpulver und kochendes Wasser vermischen und rühren, bis die Schokolade geschmolzen ist. Butter oder Margarine und Zucker cremig rühren, bis die Masse leicht und locker ist. Nach und nach die Eier hinzufügen. Abwechselnd Mehl und Salz mit der Schokoladenmischung dazugeben und verrühren, bis alles gut vermischt ist. In eine gebutterte und bemehlte quadratische Form von 20 cm Durchmesser füllen. Puderzucker und Schokoladenstückchen vermischen und darüber streuen. Im vorgeheizten Backofen bei 160 °C/Thermostat 3 45 Minuten backen, bis ein Zahnstocher in der Mitte sauber herauskommt.

Familienschokoladenkuchen

Ergibt einen 9"/23 cm großen Kuchen

100 g/4 oz/½ Tasse Butter oder Margarine, weich

175 g/6 oz/¾ Tasse Puderzucker (superfein)

2 Eier, leicht geschlagen

5 ml/1 TL Vanilleessenz (Extrakt)

225 g/8 oz/2 Tassen einfaches Mehl (Allzweck)

45 ml/3 EL Kakaopulver (ungesüßte Schokolade)

10 ml/2 TL Backpulver

2,5 ml/½ TL Backpulver (Backpulver)

Eine Prise Salz

150 ml/8 fl oz/1 Tasse Wasser

Butter oder Margarine und Zucker cremig rühren, bis die Masse leicht und locker ist. Eier und Vanilleessenz nach und nach unterrühren, dann abwechselnd Mehl, Kakao, Backpulver, Natron und Salz mit dem Wasser unterrühren, bis ein glatter Teig entsteht. In eine gefettete und mit Backpapier ausgelegte 9-cm-/23-cm-Kuchenform füllen und im vorgeheizten Ofen bei 220 °C/Thermostat 7 20–25 Minuten backen, bis der Teig gut aufgegangen ist und sich elastisch anfühlt.

Teufelskuchen mit Marshmallow-Zuckerguss

Ergibt einen 7"/18 cm großen Kuchen

100 g/4 oz/½ Tasse Butter oder Margarine, weich

100 g/4 oz/½ Tasse Puderzucker (superfein)

2 Eier, leicht geschlagen

75g/3oz/1/3 Tasse selbstaufgehendes (selbstaufgehendes) Mehl

15 ml/1 EL Kakaopulver (ungesüßte Schokolade)

Eine Prise Salz

Für die Glasur (Icing):

100g Marshmallows

30 ml/2 EL Milch

2 Eiweiß

25 g/1 oz/2 EL Puderzucker (superfein)

Zum Garnieren geraspelte Schokolade

Butter oder Margarine und Zucker cremig rühren, bis die Masse leicht und locker ist. Nach und nach die Eier unterrühren, dann Mehl, Kakao und Salz unterrühren. Die Mischung auf zwei gefettete und ausgelegte 7-cm-/18-cm-Sandwichformen verteilen und im vorgeheizten Ofen bei 180 °C/Thermostat 4 25 Minuten lang backen, bis sie gut aufgegangen ist und sich federnd anfühlt. Abkühlen lassen.

Die Marshmallows mit der Milch bei schwacher Hitze schmelzen, dabei gelegentlich umrühren, dann abkühlen lassen. Das Eiweiß steif schlagen, dann den Zucker einrühren und erneut schlagen, bis es steif und glänzend ist. In die Marshmallow-Mischung einrühren und etwas stehen lassen. Bedecken Sie die Kuchen mit einem Drittel des Marshmallow-Zuckergusses, verteilen Sie dann den Rest auf der Oberseite und den Seiten des Kuchens und dekorieren Sie ihn mit geriebener Schokolade.

Traumhafter Schokoladenkuchen

Ergibt einen 9"/23 cm großen Kuchen

225 g/8 oz/2 Tassen Zartbitterschokolade (halbsüß)

30 ml/2 EL Instantkaffeepulver

45 ml/3 EL Wasser

4 Eier, getrennt

2/3 Tasse/5 oz/150 g Butter oder Margarine, gewürfelt

Eine Prise Salz

100 g/4 oz/½ Tasse Puderzucker (superfein)

50 g/2 oz/½ Tasse Maismehl (Maisstärke)

Zur Dekoration:

¼ pt/2/3 Tasse/150 ml Doppelrahm (stark)

25 g/1 oz/3 EL Puderzucker

175 g/6 oz/1½ Tassen Walnüsse, gehackt

Schokolade, Kaffee und Wasser in einer hitzebeständigen Schüssel über einem Topf mit siedendem Wasser schmelzen. Vom Herd nehmen und nach und nach das Eigelb unterrühren. Die Butter Stück für Stück unterrühren, bis sie in der Mischung geschmolzen ist. Eiweiß und Salz verrühren, bis sich weiche Spitzen bilden. Den Zucker vorsichtig hinzufügen und steif schlagen. Die Maisstärke unterrühren. Einen Löffel der Schokoladenmischung einrühren und dann die Schokolade unter das restliche Eiweiß heben. In eine gefettete und mit Backpapier ausgelegte 9-cm-/23-cm-Kuchenform füllen und im vorgeheizten Ofen bei 180 °C/Thermostat 4 45 Minuten lang backen, bis er gut aufgegangen ist und sich leicht federnd anfühlt. Aus dem Ofen nehmen und vor dem Entformen etwas abkühlen lassen; der Kuchen wird platzen und auslaufen. Vollständig abkühlen lassen.

Die Sahne steif schlagen, dann den Zucker einrühren. Den Tortenrand mit etwas Sahne bestreichen und mit den zerkleinerten Walnüssen verzieren. Den Rest der Sahne darüber verteilen oder darübergießen.

Schwimmender Schokoladenkuchen

Ergibt einen Kuchen im Format 9 x 12"/23 x 30 cm

2 Eier, getrennt

350 g/12 oz/1½ Tassen Puderzucker (superfein)

200g/7oz/1¾ Tassen selbstaufgehendes Mehl (selbstaufgehender)

2,5 ml/½ TL Backpulver (Backpulver)

2,5 ml/½ TL Salz

60 ml/4 EL Kakaopulver (ungesüßte Schokolade).

75 ml/5 EL Öl

250 ml/8 fl oz/1 Tasse Buttermilch

Das Eiweiß steif schlagen. Nach und nach ½ Tasse/100 g Zucker einrühren und rühren, bis die Masse steif und glänzend ist. Restlichen Zucker, Mehl, Backpulver, Salz und Kakao vermischen. Eigelb, Öl und Buttermilch unterrühren. Das Eiweiß vorsichtig unterheben. In eine gefettete und bemehlte Kastenform (23 x 32 cm/9 x 12) füllen und im vorgeheizten Backofen bei 180 °C/350 °F/Thermostat 4 40 Minuten lang backen, bis ein Zahnstocher in der Mitte zum Reinigen herauskommt.

Schokoladen-Haselnuss-Kuchen

Ergibt einen 10"/25 cm großen Kuchen

100 g/4 Unzen/1 Tasse Haselnüsse

175 g/6 oz/¾ Tasse Puderzucker (superfein)

175 g/6 oz/1½ Tassen einfaches Mehl (Allzweck)

50 g/2 oz/½ Tasse Kakaopulver (ungesüßte Schokolade).

5 ml/1 TL Backpulver

Eine Prise Salz

2 Eier, leicht geschlagen

2 Eiweiß

6 fl oz/¾ Tasse Öl

60 ml/4 TL Esslöffel kalter starker schwarzer Kaffee

Die Haselnüsse in einer Form (Form) verteilen und im vorgeheizten Backofen bei 180°C/350°F/Thermostat 4 15 Minuten goldbraun backen. Mit einem Geschirrtuch (Torchon) kräftig abreiben, um die Schalen zu entfernen, dann die Walnüsse in einer Küchenmaschine mit 15 ml/1 EL Zucker fein hacken. Nüsse mit Mehl, Kakao, Backpulver und Salz vermischen. Eier und Eiweiß schaumig schlagen. Nach und nach den restlichen Zucker hinzufügen und weiter schlagen, bis die Masse hell ist. Nach und nach das Öl und dann den Kaffee hinzufügen. Zu den trockenen

Zutaten geben, dann in eine gebutterte und mit Backpapier ausgelegte Kuchenform (25 cm/10 cm) füllen und im vorgeheizten Backofen bei 180 °C/Thermostat 4 30 Minuten lang backen, bis der Teig elastisch ist. berühren.

Schokoladenkuchen

Ergibt einen 900 g/2 Pfund schweren Kuchen

60 ml/4 EL Kakaopulver (ungesüßte Schokolade).

100 g Butter oder Margarine

120 ml/4 fl oz/½ Tasse Öl

250 ml/8 fl oz/1 Tasse Wasser

350 g/12 oz/1½ Tassen Puderzucker (superfein)

225 g/8 oz/2 Tassen selbstaufgehendes Mehl (selbstaufgehender)

2 geschlagene Eier

120 ml/4 fl oz/½ Tasse Milch

2,5 ml/½ TL Backpulver (Backpulver)

5 ml/1 TL Vanilleessenz (Extrakt)

Für die Glasur (Icing):

60 ml/4 EL Kakaopulver (ungesüßte Schokolade).

100 g Butter oder Margarine

60 ml/4 EL Kondensmilch

22/3 Tassen/1 Pfund/450 g Puderzucker, gesiebt

5 ml/1 TL Vanilleessenz (Extrakt)

100 g/4 oz/1 Tasse Zartbitterschokolade (halbsüß)

Kakao, Butter oder Margarine, Öl und Wasser in einen Topf geben und zum Kochen bringen. Vom Herd nehmen und Zucker und Mehl unterrühren. Eier, Milch, Backpulver und Vanilleessenz verquirlen und zur Mischung in den Topf geben. In eine gefettete und ausgelegte 900-g-Kastenform (Dose) füllen und im vorgeheizten Ofen bei 180 °C/350 °F/Thermostat 4 1,5 Stunden lang backen, bis der Teig gut aufgegangen ist und sich federnd anfühlt. Aus der Form lösen und auf einem Kuchengitter abkühlen lassen.

Für die Glasur alle Zutaten in einem mittelgroßen Topf zum Kochen bringen. Alles glatt rühren und über den noch warmen Kuchen gießen. Nehmen wir.

Schokoladenkuchen

Ergibt einen 9"/23 cm großen Kuchen

150 g/5 oz/1¼ Tassen Zartbitterschokolade (halbsüß)

2/3 Tasse/5 oz/150 g Butter oder Margarine, weich

2/3 Tasse/5 oz/150 g Puderzucker (superfein)

75 g/3 oz/¾ Tasse gemahlene Mandeln

3 Eier, getrennt

100 g/4 oz/1 Tasse einfaches Mehl (Allzweckmehl)

Für die Füllung und das Topping:

½ PT/1¼ Tassen/300 ml Doppelrahm (dick)

7 oz/1¾ Tassen Zartbitterschokolade (halbsüß), gehackt

Zerbröckelte Schokoladenflocken

Die Schokolade in einer hitzebeständigen Schüssel über einem Topf mit siedendem Wasser schmelzen. Butter oder Margarine und Zucker verrühren, dann Schokolade, Mandeln und Eigelb unterrühren. Schlagen Sie das Eiweiß, bis sich weiche Spitzen bilden, und heben Sie es dann mit einem Metalllöffel unter die Mischung. Das Mehl vorsichtig unterrühren. In eine mit Butter bestrichene 9-cm-/23-cm-Kuchenform füllen und im vorgeheizten Backofen bei 180 °C/350 °F/Thermostat 4 40 Minuten lang backen, bis er sich federnd anfühlt.

In der Zwischenzeit die Sahne zum Kochen bringen, dann die gehackte Schokolade hinzufügen und rühren, bis sie geschmolzen ist. Abkühlen lassen. Wenn der Kuchen gebacken und abgekühlt ist, schneiden Sie ihn horizontal auf und belegen Sie ihn mit der Hälfte der Schokoladencreme. Den Rest darauf verteilen und mit zerbröckelten Schokoladenraspeln dekorieren.

Italienischer Schokoladenkuchen

Ergibt einen 9"/23 cm großen Kuchen

100 g Butter oder Margarine

225 g/8 oz/1 Tasse weicher brauner Zucker

30 ml/2 EL Kakaopulver (ungesüßte Schokolade).

3 Eier gut geschlagen

75 g/3 oz/¾ Tasse Zartbitterschokolade (halbsüß)

150 ml/4 fl oz/½ Tasse kochendes Wasser

400 g/14 oz/3½ Tassen einfaches Mehl (Allzweck)

5 ml/1 TL Backpulver

Eine Prise Salz

10 ml/2 EL. Vanilleessenz (Extrakt)

6 fl oz/¾ Tasse Sahne (hell)

¼ pt/2/3 Tasse/150 ml Doppelrahm (stark)

Butter oder Margarine, Zucker und Kakao schaumig rühren. Nach und nach die Eier hinzufügen. Die Schokolade in kochendem Wasser schmelzen und dann zur Mischung hinzufügen. Mehl, Backpulver und Salz einrühren. Vanilleessenz und flüssige Sahne unterrühren. In zwei gefettete und mit Backpapier ausgelegte 9-cm/23-cm-Kuchenformen (Formen) verteilen und im vorgeheizten Backofen bei 180 °C/Thermostat 4 25 Minuten lang backen, bis er gut aufgebläht ist und sich federnd anfühlt. 5 Minuten in den Formen abkühlen lassen, dann zum Abkühlen aus der Form auf ein Kuchengitter stürzen. Die Sahne steif schlagen und die Kuchen damit zusammenlegen.

Schokoladen-Haselnuss-Eistorte

Ergibt einen 9"/23 cm großen Kuchen

150 g/5 oz/1¼ Tassen Haselnüsse, geschält

225 g/8 Unzen/1 Tasse Kristallzucker

15 ml/1 EL Instantkaffeepulver

60 ml/4 EL Wasser

175 g/6 oz/1½ Tassen Zartbitterschokolade (halbsüß), gehackt

5 ml/1 TL. Mandelessenz (Extrakt)

100 g/4 oz/½ Tasse Butter oder Margarine, weich

8 Eier, getrennt

45 ml/3 EL. Esslöffel Kekskrümel (Graham Cracker)

Für die Glasur (Icing):

175 g/6 oz/1½ Tassen Zartbitterschokolade (halbsüß), gehackt

60 ml/4 EL Wasser

15 ml/1 EL Instantkaffeepulver

8 oz/1 Tasse Butter oder Margarine, weich

3 Eigelb

175g/6oz/1 Tasse Puderzucker

Geraspelte Schokolade zum Garnieren (optional)

Die Haselnüsse in einer trockenen Pfanne rösten, bis sie leicht gebräunt sind, dabei die Pfanne gelegentlich schütteln und dann ziemlich fein mahlen. 45 ml/3 EL aufbewahren. für den Zuckerguss.

Zucker und Kaffee bei schwacher Hitze im Wasser auflösen und 3 Minuten lang rühren. Vom Herd nehmen und die Schokoladen- und Mandelessenz unterrühren. Rühren, bis es geschmolzen und glatt ist, dann etwas abkühlen lassen. Butter oder Margarine schaumig schlagen, dann nach und nach das Eigelb unterrühren. Haselnüsse und Kekskrümel unterrühren. Das Eiweiß steif schlagen und dann unter die Masse heben. In zwei mit Butter bestrichene und ausgelegte 23-cm-Kuchenformen (Formen) aufteilen und im vorgeheizten Backofen bei 180 °C/350 °F/Thermostat 4 25 Minuten lang backen, bis der Kuchen an den Seiten der Form zu schrumpfen beginnt und sich elastisch anfühlt.

Für die Glasur Schokolade, Wasser und Kaffee bei schwacher Hitze schmelzen und glatt rühren. Abkühlen lassen. Butter oder Margarine cremig rühren, bis sie leicht und locker sind. Nach und nach das Eigelb und dann die Schokoladenmischung unterrühren. Den Puderzucker hinzufügen. Kühl stellen, bis es streichfähig ist.

Legen Sie die Hälfte des Zuckergusses auf die Kuchen, verteilen Sie dann die restliche Hälfte auf den Seiten des Kuchens und drücken Sie die beiseite gelegten Haselnüsse in die Seiten. Bedecken Sie die Oberseite des Kuchens mit einer dünnen Schicht Zuckerguss und spritzen Sie Zuckergussrosetten um die Ränder. Nach Belieben mit geriebener Schokolade dekorieren.

Italienischer Brandy-Schokoladen-Sahne-Kuchen

Ergibt einen 9"/23 cm großen Kuchen

400 g/14 oz/3½ Tassen Zartbitterschokolade (halbsüß)

400 ml/14 fl oz/1¾ Tassen Doppelrahm (dick)

600 ml / 1 qt / 2½ Tassen kalter, starker schwarzer Kaffee

75 ml/5 EL. Brandy oder Amaretto

Biskuitkekse 400g/14oz

Die Schokolade in einer hitzebeständigen Schüssel über einem Topf mit siedendem Wasser schmelzen. Vom Herd nehmen und abkühlen lassen. In der Zwischenzeit die Sahne steif schlagen. Die Schokolade unter die Sahne schlagen. Kaffee und Cognac oder Amaretto mischen. Tauchen Sie ein Drittel der Biskuitkuchen in die Mischung, um sie anzufeuchten, und legen Sie damit eine 9 cm/23 cm große Kuchenform (Form) mit Aluminiumfolie aus. Mit der Hälfte der Sahnemischung bestreichen. Befeuchten Sie die Masse und fügen Sie eine weitere Schicht Cracker hinzu, dann den Rest der Sahne und zum Schluss die restlichen Cracker. Vor dem Entformen zum Servieren gut abkühlen lassen.

Schokoladen-Millefeuille

Ergibt einen 8"/20 cm großen Kuchen

75 g/3 oz/¾ Tasse Zartbitterschokolade (halbsüß)

6 oz/¾ Tasse/175 g Butter oder Margarine, weich

175 g/6 oz/¾ Tasse Puderzucker (superfein)

3 Eier, leicht geschlagen

150 g/5 oz/1¼ Tassen selbstaufgehendes Mehl (selbstaufgehender)

25 g/1 oz/¼ Tasse Kakaopulver (ungesüßte Schokolade).

Für die Glasur (Icing):

175g/6oz/1 Tasse Puderzucker

50 g/2 oz/½ Tasse Kakaopulver (ungesüßte Schokolade).

6 oz/¾ Tasse/175 g Butter oder Margarine, weich

Zum Garnieren geraspelte Schokolade

Die Schokolade in einer hitzebeständigen Schüssel über einem Topf mit siedendem Wasser schmelzen. Etwas abkühlen lassen. Butter oder Margarine und Zucker schaumig schlagen. Nach und nach die Eier unterrühren, dann das Mehl sowie den Kakao und die geschmolzene Schokolade unterrühren. Gießen Sie die Mischung in eine gefettete und ausgelegte 20-cm-Kuchenform und backen Sie sie im vorgeheizten Ofen bei 180 °C/Thermostat 4 1½ Stunden lang, bis sie sich federnd anfühlt. Abkühlen lassen.

Für die Glasur Puderzucker, Kakao und Butter oder Margarine verrühren, bis eine streichfähige Glasur entsteht. Wenn der Kuchen abgekühlt ist, schneiden Sie ihn horizontal in Drittel und verwenden Sie zwei Drittel des Zuckergusses, um die drei Schichten zusammenzufügen. Den restlichen Zuckerguss darauf verteilen, mit einer Gabel ein Muster einritzen und mit geriebener Schokolade verzieren.

Saftiger Schokoladenkuchen

Ergibt einen 8"/20 cm großen Kuchen

200 g/7 oz/1¾ Tassen einfaches Mehl (Allzweck)

30 ml/2 EL Kakaopulver (ungesüßte Schokolade).

5 ml/1 TL Backpulver (Backpulver)

5 ml/1 TL Backpulver

2/3 Tasse/5 oz/150 g Puderzucker (superfein)

30 ml/2 EL. Esslöffel goldener Sirup (heller Mais)

2 Eier, leicht geschlagen

150 ml/¼ pt/2/3 Tasse Öl

150 ml/¼ pt/2/3 Tasse Milch

¼ pt/2/3 Tasse/150 ml Sahne oder Schlagsahne, geschlagen

Alle Zutaten außer Sahne zu einer Paste verrühren. In zwei gefettete und mit Backpapier ausgelegte 8-Zoll-/20-cm-Kuchenformen füllen und im vorgeheizten Ofen bei 160 °C/Thermostat 3 35 Minuten lang backen, bis er gut aufgegangen ist und sich federnd anfühlt. Abkühlen lassen und dann mit Schlagsahne belegen.

Mokka-Kuchen

Ergibt einen Kuchen im Format 9 x 12"/23 x 30 cm

450 g/1 Pfund/2 Tassen Puderzucker (superfein)

225 g/8 oz/2 Tassen einfaches Mehl (Allzweck)

75 g/3 oz/¾ Tasse Kakaopulver (ungesüßte Schokolade).

10 ml/2 TL Natron (Backpulver)

5 ml/1 TL Backpulver

Eine Prise Salz

120 ml/4 fl oz/½ Tasse Öl

250 ml/8 fl oz/1 Tasse heißer schwarzer Kaffee

250 ml/8 fl oz/1 Tasse Milch

2 Eier, leicht geschlagen

Die trockenen Zutaten vermischen und in der Mitte eine Mulde formen. Die restlichen Zutaten hinzufügen und verrühren, bis die trockenen Zutaten aufgesogen sind. In eine gefettete und mit Backpapier ausgelegte Kuchenform (23 x 30 cm/9 x 12) füllen und im vorgeheizten Ofen (180 °C/350 °F/Thermostat 4) 35–40 Minuten backen, bis der Zahnstocher weich ist. In die Mitte stecken.

Matschkuchen

Ergibt einen 8"/20 cm großen Kuchen

225 g/8 oz/2 Tassen Zartbitterschokolade (halbsüß)

225 g/8 oz/1 Tasse Butter oder Margarine

225 g/8 oz/1 Tasse Puderzucker (superfein)

4 Eier, leicht geschlagen

15 ml/1 EL Maisstärke (Maisstärke)

Schokolade und Butter oder Margarine in einer hitzebeständigen Schüssel über einem Topf mit siedendem Wasser schmelzen. Vom Herd nehmen und den Zucker einrühren, bis er sich aufgelöst hat, dann die Eier und die Maisstärke hinzufügen. In eine gefettete, mit Backpapier ausgelegte 8-Zoll/20-cm-Kuchenform (Pfanne) gießen und die Form in eine Grillpfanne mit so viel heißem Wasser stellen, dass die Form bis zur Hälfte aufgeht. Im vorgeheizten Backofen bei 180 °C/350 °F/Thermostat 4 1 Stunde backen. Aus der Wasserschale nehmen und in der Form abkühlen lassen, dann in den Kühlschrank stellen, bis es zum Entformen und Servieren bereit ist.

Knuspriger Mississippi Mud Pie

Ergibt einen 9"/23 cm großen Kuchen

75 g/3 oz/¾ Tasse Ingwerkekskrümel (Keks)

75 g/3 oz/¾ Tasse Verdauungskekskrümel (Graham Cracker)

2 oz/¼ Tasse/50 g Butter oder Margarine, geschmolzen

300 g Marshmallows

90 ml/6 EL Milch

2,5 ml/½ TL geriebene Muskatnuss

60 ml/4 TL Rum oder Brandy

20 ml/4 TL starker schwarzer Kaffee

450 g/l lb/4 Tassen Zartbitterschokolade (halbsüß)

2 Tassen/¾ PT/450 ml Doppelrahm (dick)

Die Kekskrümel unter die geschmolzene Butter heben und auf den Boden einer gefetteten Kuchenform (9/23 cm) drücken. Kälte. Marshmallows mit Milch und Muskatnuss bei schwacher Hitze schmelzen. Vom Herd nehmen und abkühlen lassen. Rum oder Cognac und Kaffee verrühren. In der Zwischenzeit drei Viertel der Schokolade in einer hitzebeständigen Schüssel schmelzen, die über einem Topf mit siedendem Wasser steht. Vom Herd nehmen und abkühlen lassen. Sahne steif schlagen. Schokolade und Sahne unter die Marshmallow-Mischung rühren. Auf den Boden gießen und die

Oberseite glatt streichen. Mit Frischhaltefolie (Plastikfolie) abdecken und 2 Stunden im Kühlschrank lagern, bis es fest ist.

Die restliche Schokolade in einer hitzebeständigen Schüssel schmelzen, die über einem Topf mit siedendem Wasser steht. Die Schokolade dünn auf einem Backblech (Keks) verteilen und im Kühlschrank aufbewahren, bis sie fast fest ist. Kratzen Sie die Schokolade mit einem scharfen Messer ab, schneiden Sie sie in Locken und dekorieren Sie damit die Oberseite des Kuchens.

Schokoladen- und Nusskuchen

Ergibt einen 8"/20 cm großen Kuchen

175 g/6 oz/1½ Tassen gemahlene Mandeln

175 g/6 oz/¾ Tasse Puderzucker (superfein)

4 Eier, getrennt

5 ml/1 TL Vanilleessenz (Extrakt)

175 g/6 oz/1½ Tassen Zartbitterschokolade (halbsüß), gerieben

15 ml/1 TL gehackte gemischte Nüsse

Gemahlene Mandeln und Zucker vermischen, dann Eigelb, Vanilleessenz und Schokolade hinzufügen. Eiweiß sehr steif schlagen und dann mit einem Metalllöffel unter die Schokoladenmasse heben. In eine mit Butter bestrichene und ausgekleidete Kuchenform (20 cm) füllen und mit zerstoßenen Walnüssen bestreuen. Im vorgeheizten Backofen bei 190 °C/375 °F/Thermostat 5 25 Minuten backen, bis der Teig gut aufgegangen ist und sich weich anfühlt.

Reichhaltiger Schokoladenkuchen

Ergibt einen 900 g/2 Pfund schweren Kuchen

200 g/7 oz/1¾ Tassen Zartbitterschokolade (halbsüß)

15 ml/1 EL starker schwarzer Kaffee

8 oz/1 Tasse Butter oder Margarine, weich

225 g/8 Unzen/1 Tasse Kristallzucker

4 Eier

225 g/8 oz/2 Tassen einfaches Mehl (Allzweck)

5 ml/1 TL Backpulver

Die Schokolade mit dem Kaffee in einer hitzebeständigen Schüssel schmelzen, die über einem Topf mit siedendem Wasser steht. In der Zwischenzeit Butter oder Margarine und Zucker cremig rühren, bis die Masse leicht und locker ist. Nach und nach die Eier hinzufügen und nach jeder Zugabe gut verrühren. Geschmolzene Schokolade einrühren, dann Mchl und Backpulver hinzufügen. Gießen Sie die Mischung in eine gefettete und ausgelegte 900-g-Kastenform (Dose) und backen Sie sie im vorgeheizten Ofen bei 190 °C/375 °F/Thermostat 5 etwa 1 Stunde lang, bis ein Zahnstocher in der Mitte sauber herauskommt. Decken Sie die Oberseite bei Bedarf während der letzten 10 Minuten des Backens mit Folie oder Pergamentpapier (Wachspapier) ab, um ein Überbräunen zu verhindern.

Schokoladen-, Walnuss- und Kirschkuchen

Ergibt einen 8"/20 cm großen Kuchen

8 oz/1 Tasse Butter oder Margarine, weich

225 g/8 oz/1 Tasse Puderzucker (superfein)

4 Eier

Ein paar Tropfen Vanilleessenz (Extrakt)

225 g/8 oz/2 Tassen Roggenmehl

225 g/8 oz/2 Tassen gemahlene Haselnüsse

45 ml/3 EL Kakaopulver (ungesüßte Schokolade)

10 ml/2 EL. Zimt

5 ml/1 TL Backpulver

900 g/2 Pfund entkernte Kirschen (entkernt)

Puderzucker (für Süßwaren) zum Bestreuen

Butter oder Margarine und Zucker cremig rühren, bis die Masse hell und schaumig ist. Fügen Sie nach und nach die Eier hinzu, eins nach dem anderen, und fügen Sie dann die Vanilleessenz hinzu. Mehl, Nüsse, Kakao, Zimt und Backpulver vermischen, dann unter die Masse rühren und zu einem weichen Teig verrühren. Den Teig auf einer leicht bemehlten Arbeitsfläche zu einem 20 cm großen

Kreis ausrollen und vorsichtig in eine gebutterte Kuchenform drücken. Die Kirschen darauflegen. Im vorgeheizten Backofen bei 200 °C/400 °F/Thermostat 6 30 Minuten backen, bis es sich federnd anfühlt. Zum Abkühlen aus der Pfanne nehmen und vor dem Servieren mit Puderzucker bestäuben.

Schokoladen-Rum-Kuchen

Ergibt einen 8"/20 cm großen Kuchen

100 g/4 oz/1 Tasse Zartbitterschokolade (halbsüß)

15 ml / 1 EL Rum

3 Eier

100 g/4 oz/½ Tasse Puderzucker (superfein)

25 g/1 oz/¼ Tasse Maismehl (Maisstärke)

50 g/2 Unzen/½ Tasse selbstaufgehendes Mehl (selbstaufgehender Mehl)

Die Schokolade mit dem Rum in einer hitzebeständigen Schüssel über einem Topf mit siedendem Wasser schmelzen. Eier und Zucker schaumig schlagen, dann Maisstärke und Mehl unterrühren. Schokoladenmischung einrühren. In eine gefettete und mit Backpapier ausgelegte 8-Zoll-/20-cm-Kuchenform (Form) füllen und im vorgeheizten Ofen bei 190 °C/375 °F/Thermostat 5 10–15 Minuten backen, bis er sich federnd anfühlt.

Schokoladensandwich

Ergibt einen 8"/20 cm großen Kuchen

100 g/4 oz/1 Tasse einfaches Mehl (Allzweckmehl)

10 ml/2 TL Backpulver

Eine Prise Backpulver (Backpulver)

50 g/2 oz/½ Tasse Kakaopulver (ungesüßte Schokolade).

225 g/8 oz/1 Tasse Puderzucker (superfein)

120 ml/4 fl oz/½ Tasse Maisöl

120 ml/4 fl oz/½ Tasse Milch

¼ pt/2/3 Tasse/150 ml Doppelrahm (stark)

100 g/4 oz/1 Tasse Zartbitterschokolade (halbsüß)

Mehl, Backpulver, Natron und Kakao vermischen. Den Zucker einrühren. Öl und Milch vermischen und unter die trockenen Zutaten rühren, bis eine glatte Masse entsteht. Auf zwei gefettete und ausgelegte 8/20-cm-Sandwichformen verteilen und im vorgeheizten Backofen bei 180 °C/Thermostat 3 40 Minuten lang backen, bis es sich weich anfühlt. Zum Abkühlen auf ein Kuchengitter stürzen.

Sahne steif schlagen. 30 ml/2 EL aufbewahren. Esslöffel hinzufügen und mit dem Rest die Kuchen formen. Die Schokolade und die übrig gebliebene Sahne in einer hitzebeständigen Schüssel schmelzen, die über einem Topf mit siedendem Wasser steht. Über den Kuchen gießen und stehen lassen.

Johannisbrot-Walnuss-Kuchen

Ergibt einen 7"/18 cm großen Kuchen

6 oz/¾ Tasse/175 g Butter oder Margarine, weich

100 g/4 oz/½ Tasse weicher brauner Zucker

4 Eier, getrennt

75 g/3 oz/¾ Tasse einfaches Mehl (Allzweck)

25 g/1 oz/¼ Tasse Johannisbrotpulver

Eine Prise Salz

Fein abgeriebene Schale und Saft von 1 Orange

175g Johannisbrotriegel

100 g/4 oz/1 Tasse gehackte gemischte Nüsse

100 g/4 oz/½ Tasse Butter oder Margarine mit dem Zucker cremig rühren, bis eine leichte, lockere Masse entsteht. Nach und nach das Eigelb unterrühren, dann Mehl, Johannisbrotpulver, Salz, Orangenschale und 15 ml/1 Esslöffel Orangensaft unterrühren. Die Masse auf zwei gefettete und mit Backpapier ausgelegte Kuchenformen mit einem Durchmesser von 18 cm/7 cm verteilen und im vorgeheizten Backofen bei 180 °C/Thermostat 4 20 Minuten lang backen, bis sie sich federnd anfühlt. Aus den Formen nehmen und abkühlen lassen.

Den Johannisbrotbaum mit dem restlichen Orangensaft in einer hitzebeständigen Schüssel über einem Topf mit siedendem Wasser schmelzen. Vom Herd nehmen und die restliche Butter oder Margarine unterrühren. Etwas abkühlen lassen, dabei gelegentlich umrühren. Die abgekühlten Kuchen mit der Hälfte des Zuckergusses bestreichen und den Rest darauf verteilen. Mit einer Gabel ein Muster einritzen und zum Verzieren mit Nüssen bestreuen.

Kümmelkuchen

Ergibt einen 7"/18 cm großen Kuchen

8 oz/1 Tasse Butter oder Margarine, weich

225 g/8 oz/1 Tasse Puderzucker (superfein)

4 Eier, getrennt

225 g/8 oz/2 Tassen selbstaufgehendes Mehl (selbstaufgehender)

25 g Kümmel

2,5 ml/½ TL. Zimt

2,5 ml/½ TL geriebene Muskatnuss

Butter oder Margarine und Zucker cremig rühren, bis die Masse hell und schaumig ist. Schlagen Sie das Eigelb auf und fügen Sie es der Mischung hinzu. Fügen Sie dann das Mehl, die Kerne und die Gewürze hinzu. Das Eiweiß steif schlagen und dann unter die Masse heben. Gießen Sie die Mischung in eine mit Butter ausgekleidete und mit Backpapier ausgelegte Kuchenform (18 cm/7 cm) und backen Sie sie im vorgeheizten Ofen bei 180 °C/350 °F/Thermostat 4 1 Stunde lang, bis ein Zahnstocher in der Mitte herauskommt.

Mandelreiskuchen

Ergibt einen 8"/20 cm großen Kuchen

8 oz/1 Tasse Butter oder Margarine, weich

225 g/8 oz/1 Tasse Puderzucker (superfein)

3 geschlagene Eier

100 g/4 oz/1 Tasse einfaches Mehl (Allzweckmehl)

75 g/3 oz/¾ Tasse selbstaufgehendes Mehl (selbstaufgehender)

75 g/3 oz/¾ Tasse gemahlener Reis

2,5 ml/½ TL. Mandelessenz (Extrakt)

Butter oder Margarine und Zucker cremig rühren, bis die Masse leicht und locker ist. Schlagen Sie die Eier nach und nach auf. Mehl und gemahlenen Reis unterrühren und die Mandelessenz unterrühren. In eine gefettete und mit Backpapier ausgelegte Kuchenform (20 cm Durchmesser) füllen und im vorgeheizten Backofen bei 150 °C/Thermostat 2 1,5 Stunden lang backen, bis er sich federnd anfühlt. Lassen Sie es 10 Minuten in der Form abkühlen, bevor Sie es zum Abkühlen auf ein Kuchengitter stürzen.

Bierkuchen

Ergibt einen 8"/20 cm großen Kuchen

8 oz/1 Tasse Butter oder Margarine, weich

225 g/8 oz/1 Tasse weicher brauner Zucker

2 Eier, leicht geschlagen

350 g/12 oz/3 Tassen Vollkornmehl (Vollkorn)

10 ml/2 TL Backpulver

5 ml/1 TL. gemahlene Gewürze (Apfelkuchen)

150 ml/¼ pt/2/3 Tasse dunkles Bier

175 g/6 oz/1 Tasse Johannisbeeren

175 g/6 oz/1 Tasse Rosinen (goldene Rosinen)

50 g/2 Unzen/1/3 Tasse Rosinen

100 g/4 oz/1 Tasse gehackte gemischte Nüsse

Abgeriebene Schale einer großen Orange

Butter oder Margarine und Zucker cremig rühren, bis die Masse leicht und locker ist. Nach und nach die Eier hinzufügen und nach jeder Zugabe gut verrühren. Mehl, Backpulver und Gewürze vermischen und abwechselnd mit dem dunklen Bier nach und nach unter die cremige Masse rühren, dann die Früchte, Nüsse und Orangenschale unterrühren. In eine mit Butter bestrichene und ausgelegte Kastenform (8 Zoll/20 cm) füllen und im vorgeheizten Ofen bei 150 °C (300 °F)/Thermostat 2 2¼ Stunden lang backen, bis ein Zahnstocher in der Mitte sauber herauskommt. 30 Minuten in der Form abkühlen lassen, dann aus der Form auf ein Kuchengitter stürzen, um das Abkühlen abzuschließen.

Bier- und Dattelkuchen

Ergibt einen 9"/23 cm großen Kuchen

8 oz/1 Tasse Butter oder Margarine, weich

450 g/1 Pfund/2 Tassen weicher brauner Zucker

2 Eier, leicht geschlagen

450 g/1 Pfund/4 Tassen einfaches Mehl (Allzweckmehl)

175 g/6 oz/1 Tasse entkernte Datteln (entsteint), gehackt

100 g/4 oz/1 Tasse gehackte gemischte Nüsse

10 ml/2 TL Natron (Backpulver)

5 ml/1 TL. Zimt

5 ml/1 TL. gemahlene Gewürze (Apfelkuchen)

2,5 ml/½ TL Salz

500 ml/17 fl oz/2¼ Tassen Bier oder Lagerbier

Butter oder Margarine und Zucker cremig rühren, bis die Masse leicht und locker ist. Nach und nach die Eier unterrühren, dann die trockenen Zutaten abwechselnd mit dem Bier unterrühren, bis sie weich sind. In eine gebutterte und mit Backpapier ausgelegte Kuchenform (9 cm/23 cm) füllen und im vorgeheizten Backofen bei 180 °C/350 °F/Thermostat 4 1 Stunde lang backen, bis ein

Zahnstocher in der Mitte sauber herauskommt. 10 Minuten in der Form abkühlen lassen, dann aus der Form auf ein Kuchengitter stürzen, um das Abkühlen abzuschließen.

Battenburg-Kuchen

Ergibt einen 7"/18 cm großen Kuchen

6 oz/¾ Tasse/175 g Butter oder Margarine, weich

175 g/6 oz/¾ Tasse Puderzucker (superfein)

3 Eier, leicht geschlagen

225 g/8 oz/2 Tassen selbstaufgehendes Mehl (selbstaufgehender)

Ein paar Tropfen Vanilleessenz (Extrakt)

Ein paar Tropfen Himbeeressenz (Extrakt) Für die Glasur (Glasur):

15 ml/1 TL Himbeermarmelade (aus der Dose), gesiebt (abgesiebt)

225 g Marzipan

Ein paar glasierte Kirschen (kandiert)

Butter oder Margarine und Zucker cremig rühren. Nach und nach die Eier hinzufügen, dann das Mehl und die Vanilleessenz hinzufügen. Teilen Sie die Mischung in zwei Hälften und mischen Sie die Himbeeressenz in eine Hälfte. Buttern Sie eine quadratische Kuchenform (Pfanne) mit einem Durchmesser von 18 cm (7 Zoll) und legen Sie sie aus. Teilen Sie die Form in zwei Hälften, indem Sie Pergamentpapier (Wachspapier) in der Mitte der Form falten. Gießen Sie jede Mischung in eine Hälfte der Form und backen Sie sie im vorgeheizten Ofen bei 180 °C/350 °F/Thermostat 4 etwa 50

Minuten lang, bis sie sich federnd anfühlt. Auf einem Kuchengitter abkühlen lassen.

Schneiden Sie die Ränder des Kuchens ab und schneiden Sie jedes Stück der Länge nach in zwei Hälften. Legen Sie ein Stück Rose und Vanille auf die Unterseite und ein Stück Vanille und eine Rose auf die Oberseite und befestigen Sie sie mit etwas Marmelade. Den Kuchen außen mit der restlichen Marmelade bestreichen. Rollen Sie das Marzipan zu einem Rechteck von etwa 18 x 38 cm aus. Den Rand des Kuchens andrücken und die Ränder abschneiden. Die Oberseite mit kandierten Kirschen dekorieren.

Kaffee Kuchen

Ergibt einen 8"/20 cm großen Kuchen

100 g/4 oz/½ Tasse Butter oder Margarine, weich

100 g/4 oz/½ Tasse Puderzucker (superfein)

2 Eier, leicht geschlagen

2,5 ml/½ TL Kaffeeessenz (Extrakt) oder starker schwarzer Kaffee

150 g/5 oz/1¼ Tassen selbstaufgehendes Mehl (selbstaufgehender)

2,5 ml/½ TL Backpulver

Kaffeebutter-Zuckerguss

30 ml/2 EL. Esslöffel gehackte gemischte Nüsse (optional)

Butter oder Margarine und Zucker cremig rühren, bis die Masse leicht und locker ist. Nach und nach die Eier und die Kaffeeessenz unterrühren, dann das Mehl und das Backpulver hinzufügen. Auf zwei gefettete und ausgelegte 8/20-cm-Sandwichformen verteilen und im vorgeheizten Backofen bei 160 °C/Thermostat 3 20 Minuten lang backen, bis es sich weich anfühlt. 4 Minuten in den Formen abkühlen lassen, dann aus der Form auf ein Kuchengitter stürzen, um das Abkühlen abzuschließen. Die Kuchen mit der Hälfte der Buttercreme-Glasur bestreichen, den Rest darauf verteilen und mit einer Gabel Muster einritzen. Nach Belieben mit Nüssen bestreuen.

Streusel-Kaffeekuchen

Ergibt einen 8"/20 cm großen Kuchen

2 oz/¼ Tasse/50 g Butter oder Margarine, weich

100 g/4 oz/½ Tasse Puderzucker (superfein)

1 Ei, leicht geschlagen

10 ml/2 EL. Kaffeeessenz (Extrakt)

100 g/4 oz/1 Tasse selbstaufgehendes (selbstaufgehendes) Mehl

Eine Prise Salz

75 g/3 oz/½ Tasse Rosinen (goldene Rosinen)

60 ml/4 EL Milch Für die Füllung:

2 oz/¼ Tasse/50 g Butter oder Margarine

30 ml/2 EL. Esslöffel Mehl (Allzweckmehl)

75 g/3 oz/1/3 Tasse weicher brauner Zucker

10 ml/2 EL. Zimt

50 g/2 oz/½ Tasse gehackte gemischte Nüsse

Butter oder Margarine und Zucker cremig rühren, bis die Masse leicht und locker ist. Nach und nach das Ei und die Kaffeeessenz hinzufügen, dann Mehl und Salz hinzufügen. Rosinen und so viel Milch unterrühren, bis eine weiche Konsistenz entsteht.

Für die Füllung Butter oder Margarine in Mehl, Zucker und Zimt einreiben, bis die Mischung wie Semmelbrösel aussieht. Nüsse unterrühren. Die Hälfte der Füllung auf den Boden einer gefetteten, mit Backpapier ausgelegten Kuchenform (8 Zoll/20 cm) streuen. Die Kuchenmischung einfüllen und mit dem restlichen Belag bestreuen. Im vorgeheizten Backofen bei 220 °C/425 °F/Thermostat 7 15 Minuten backen, bis der Teig gut aufgegangen ist und sich weich anfühlt.

Tropfender Bauernhofkuchen

Ergibt einen 7"/18 cm großen Kuchen

225 g/8 oz/1 1/3 Tassen gemischte Trockenfrüchte (Früchtekuchenmischung)

75 g/3 oz/1/3 Tasse Rindfleischjus (Backfett)

2/3 Tasse/5 oz/150 g weicher brauner Zucker

250 ml/8 fl oz/1 Tasse Wasser

225 g/8 oz/2 Tassen Vollkornmehl (Vollkorn)

5 ml/1 TL Backpulver

2,5 ml/½ TL Backpulver (Backpulver)

5 ml/1 TL. Zimt

Eine Prise geriebene Muskatnuss

Eine Prise gemahlene Nelken

Früchte, Bratenfett, Zucker und Wasser in einem Topf mit dickem Boden zum Kochen bringen und 10 Minuten köcheln lassen. Abkühlen lassen. Die restlichen Zutaten in einer Schüssel vermischen, dann die geschmolzene Mischung hineingießen und vorsichtig vermischen. In eine gebutterte und mit Backpapier ausgelegte Kuchenform (18 cm/7 cm) füllen und im vorgeheizten Backofen bei 180 °C/Thermostat 4 1 Stunde und 30 Minuten backen, bis der Teig gut aufgebläht ist und vom Rand der Form schrumpft.

Amerikanischer Lebkuchen mit Zitronensauce

Ergibt einen 8"/20 cm großen Kuchen

225 g/8 oz/1 Tasse Puderzucker (superfein)

2 oz/¼ Tasse/50 g Butter oder Margarine, geschmolzen

30 ml/2 EL Blackstrap-Melasse (Melasse)

2 Eiweiß leicht geschlagen

225 g/8 oz/2 Tassen einfaches Mehl (Allzweck)

5 ml/1 TL Backpulver (Backpulver)

5 ml/1 TL. Zimt

2,5 ml/½ TL gemahlene Nelken

1,5 ml/¼ TL gemahlener Ingwer

Eine Prise Salz

250 ml/8 fl oz/1 Tasse Buttermilch

Für die Soße:

100 g/4 oz/½ Tasse Puderzucker (superfein)

30 ml/2 EL Maisstärke (Maisstärke)

Eine Prise Salz

Eine Prise geriebene Muskatnuss

250 ml/8 fl oz/1 Tasse kochendes Wasser

15 g/½ oz/1 EL. Esslöffel Butter oder Margarine

30 ml/2 EL Zitronensaft

2,5 ml/½ TL. fein abgeriebene Zitronenschale

Zucker, Butter oder Margarine und Melasse verrühren. Das Eiweiß unterrühren. Mehl, Backpulver, Gewürze und Salz vermischen. Abwechselnd Mehlmischung und Buttermilch unter die Butter-Zucker-Mischung rühren, bis alles gut vermischt ist. In eine gefettete und bemehlte Kastenform (8"/20 cm) füllen und im vorgeheizten Backofen bei 200 °C/400 °F/Thermostat 6 35 Minuten backen, bis ein Zahnstocher in der Mitte sauber herauskommt. Lassen Sie es 5 Minuten lang in der Form abkühlen, bevor Sie es auf einem Kuchengitter aus der Form nehmen, um das Abkühlen abzuschließen. Der Kuchen kann kalt oder warm serviert werden.

Für die Soße Zucker, Maisstärke, Salz, Muskatnuss und Wasser in einem kleinen Topf bei schwacher Hitze vermischen und gut verrühren. Unter Rühren köcheln lassen, bis die Mischung dick und klar ist. Butter oder Margarine sowie Zitronensaft und -schale einrühren und kochen, bis alles gut vermischt ist. Zum Servieren über den Lebkuchen gießen.

Kaffee-Lebkuchen

Ergibt einen 8"/20 cm großen Kuchen

200g/7oz/1¾ Tassen selbstaufgehendes Mehl (selbstaufgehender)

10 ml/2 EL. gemahlener Ingwer

10 ml/2 EL. Instantkaffee-Granulat

100 ml/4 fl oz/½ Tasse heißes Wasser

100 g Butter oder Margarine

75 g/3 oz/¼ Tasse goldener Sirup (heller Mais)

50 g/2 oz/¼ Tasse weicher brauner Zucker

2 geschlagene Eier

Mehl und Ingwer mischen. Kaffee in heißem Wasser auflösen. Margarine, Sirup und Zucker schmelzen und mit den trockenen Zutaten vermischen. Kaffee und Eier vermischen. In eine gefettete und mit Backpapier ausgelegte Kuchenform (20 cm) füllen und im vorgeheizten Backofen (180 °C/350 °F/Thermostat 4) 40–45 Minuten backen, bis der Teig gut aufgegangen ist und sich weich anfühlt.

Ingwer-Sahne-Torte

Ergibt einen 8"/20 cm großen Kuchen

6 oz/¾ Tasse/175 g Butter oder Margarine, weich

2/3 Tasse/5 oz/150 g weicher brauner Zucker

3 Eier, leicht geschlagen

175 g/6 oz/1½ Tassen selbstaufgehendes Mehl (selbstaufgehender)

15 ml / 1 EL gemahlener Ingwer Zum Garnieren:

¼ pt/2/3 Tasse/150 ml Doppelrahm (stark)

15 ml/1 TL Puderzucker (Süßwaren), gesiebt

5 ml/1 TL. gemahlener Ingwer

Butter oder Margarine und Zucker cremig rühren, bis die Masse leicht und locker ist. Nach und nach die Eier, dann das Mehl und den Ingwer dazugeben und gut vermischen. Auf zwei gefettete und ausgelegte 8/20-cm-Sandwichformen verteilen und im vorgeheizten Ofen bei 180 °C/Thermostat 4 25 Minuten backen, bis er gut aufgegangen ist und sich federnd anfühlt. Abkühlen lassen.

Die Sahne mit dem Zucker und dem Ingwer steif schlagen und die Kuchen daraus formen.

Liverpooler Ingwerkuchen

Ergibt einen 8"/20 cm großen Kuchen

100 g Butter oder Margarine

100 g Demerara-Zucker

30 ml/2 EL. Esslöffel goldener Sirup (heller Mais)

225 g/8 oz/2 Tassen einfaches Mehl (Allzweck)

2,5 ml/½ TL Backpulver (Backpulver)

10 ml/2 EL. gemahlener Ingwer

2 geschlagene Eier

225 g/8 oz/11/3 Tassen Rosinen (goldene Rosinen)

2 oz/½ Tasse/50 g kandierter (kandierter) Ingwer, gehackt

Butter oder Margarine mit Zucker und Sirup bei schwacher Hitze schmelzen. Vom Herd nehmen und die trockenen Zutaten und das Ei hinzufügen und gut vermischen. Rosinen und Ingwer unterrühren. In eine gefettete und mit Backpapier ausgelegte quadratische Kuchenform (20 cm) füllen und im vorgeheizten Backofen bei 150 °C/Thermostat 3 1½ Stunden lang backen, bis er sich federnd anfühlt. Der Kuchen kann in der Mitte etwas verlaufen. In der Form abkühlen lassen.

Hafer-Lebkuchen

Ergibt einen Kuchen im Format 35 x 23 cm

225 g/8 oz/2 Tassen Vollkornmehl (Vollkorn)

75 g/3 oz/¾ Tasse Haferflocken

5 ml/1 TL Backpulver (Backpulver)

5 ml/1 TL Weinstein

15 ml / 1 EL gemahlener Ingwer

225 g/8 oz/1 Tasse Butter oder Margarine

225 g/8 oz/1 Tasse weicher brauner Zucker

Mehl, Haferflocken, Backpulver, Weinstein und Ingwer in einer Schüssel vermischen. Butter oder Margarine einreiben, bis die Mischung wie Semmelbrösel aussieht. Den Zucker einrühren. Drücken Sie die Masse fest in eine gefettete Kastenform (35 x 23 cm/14 x 9) und backen Sie sie im vorgeheizten Backofen bei 160 °C/325 °F/Thermostat 3 30 Minuten lang goldbraun. Noch warm in Quadrate schneiden und in der Pfanne vollständig abkühlen lassen.

> Orangefarbener Lebkuchen
>
> Ergibt einen 9"/23 cm großen Kuchen
>
> 450 g/1 Pfund/4 Tassen einfaches Mehl (Allzweckmehl)
>
> 5 ml/1 TL. Zimt
>
> 2,5 ml/½ TL. gemahlener Ingwer
>
> 2,5 ml/½ TL Backpulver (Backpulver)
>
> 2/3 Tasse/6 oz/175 g Butter oder Margarine
>
> 2/3 Tasse/6 oz/175 g Puderzucker (superfein)
>
> 75 g/3 oz/½ Tasse gefrorene Orangenschale (kandiert), gehackt
>
> Abgeriebene Schale und Saft einer ½ großen Orange
>
> 175 g/6 oz/½ Tasse goldener Sirup (heller Mais), erwärmt
>
> 2 Eier, leicht geschlagen

Ein bisschen Milch

Mehl, Gewürze und Backpulver vermischen und dann Butter oder Margarine unterrühren, bis die Mischung wie Semmelbrösel aussieht. Zucker, Schale und Orangenschale unterrühren und in der Mitte eine Mulde formen. Den Orangensaft und den erwärmten Sirup einrühren, dann die Eier unterrühren, bis sie weich und schlaff sind, bei Bedarf noch etwas Milch hinzufügen. Gut verrühren, dann in eine gefettete quadratische Kuchenform mit 9 cm/23 cm Durchmesser gießen und im vorgeheizten Ofen bei 160 °C/Thermostat 3 1 Stunde lang backen, bis der Teig gut aufgebläht ist und sich federnd anfühlt.

Klebriger Lebkuchen

Ergibt einen 10"/25 cm großen Kuchen

275 g/10 oz/2½ Tassen einfaches Mehl (Allzweck)

10 ml/2 EL. Zimt

5 ml/1 TL Backpulver (Backpulver)

100 g Butter oder Margarine

175 g/6 oz/½ Tasse goldener Sirup (heller Mais)

175 g/6 oz/½ Tasse Blackstrap-Melasse (Melasse)

100 g/4 oz/½ Tasse weicher brauner Zucker

2 geschlagene Eier

150 ml/¼ pt/2/3 Tasse heißes Wasser

Mehl, Zimt und Backpulver vermischen. Butter oder Margarine mit Sirup, Melasse und Zucker schmelzen und zu den trockenen Zutaten geben. Eier und Wasser hinzufügen und gut vermischen. In eine mit Butter bestrichene und ausgekleidete Form von 25 cm/10 Quadratmetern füllen. Im vorgeheizten Backofen bei 180 °C/350 °F/Thermostat 4 40–45 Minuten backen, bis der Teig gut aufgegangen ist und sich weich anfühlt.

Vollkorn-Lebkuchen

Ergibt einen 7"/18 cm großen Kuchen

100 g/4 oz/1 Tasse einfaches Mehl (Allzweckmehl)

100 g/4 oz/1 Tasse Vollkornmehl (Vollkorn)

50 g/2 oz/¼ Tasse weicher brauner Zucker

50g/2oz/1/3 Tasse Rosinen (goldene Rosinen)

10 ml/2 EL. gemahlener Ingwer

5 ml/1 TL. Zimt

5 ml/1 TL Backpulver (Backpulver)

Eine Prise Salz

100 g Butter oder Margarine

30 ml/2 EL. Esslöffel goldener Sirup (heller Mais)

30 ml/2 EL Blackstrap-Melasse (Melasse)

1 Ei, leicht geschlagen

150 ml/¼ pt/2/3 Tasse Milch

Die trockenen Zutaten miteinander vermischen. Butter oder Margarine mit Sirup und Melasse schmelzen und mit Ei und Milch unter die trockenen Zutaten rühren. In eine gefettete und mit Backpapier ausgelegte 7-cm-/18-cm-Kuchenform füllen und im vorgeheizten Backofen bei 160 °C/Thermostat 3 1 Stunde lang backen, bis er sich leicht federnd anfühlt.

Honig-Mandel-Kuchen

Ergibt einen 8"/20 cm großen Kuchen

250 g Karotten, gerieben

65 g Mandeln, fein gehackt

2 Eier

100 g/4 oz/1/3 Tasse klarer Honig

60 ml/4 EL Öl

150 ml/¼ pt/2/3 Tasse Milch

100 g/4 oz/1 Tasse Vollkornmehl (Vollkorn)

25 g/1 oz/¼ Tasse einfaches Mehl (Allzweck)

10 ml/2 EL. Zimt

2,5 ml/½ TL Backpulver (Backpulver)

Eine Prise Salz

Zitronenglasur

Ein paar Mandelblättchen (gehackt) zum Garnieren

Karotten und Walnüsse mischen. Schlagen Sie die Eier in einer separaten Schüssel auf und vermischen Sie dann Honig, Öl und Milch. Karotten und Walnüsse unterrühren, dann die trockenen Zutaten unterrühren. In eine gefettete und mit Backpapier ausgelegte 20-cm-Kuchenform füllen und im vorgeheizten Ofen bei 150 °C/Thermostat 2 1 bis 1 ¼ Stunden lang backen, bis der Teig gut aufgegangen ist und sich weich anfühlt. Vor dem Entformen in der Form abkühlen lassen. Mit Zitronenglasur beträufeln und mit Mandelblättchen garnieren.

Zitroneneiskuchen

Ergibt einen 7"/18 cm großen Kuchen

100 g/4 oz/½ Tasse Butter oder Margarine, weich

100 g/4 oz/½ Tasse Puderzucker (superfein)

2 Eier

100 g/4 oz/1 Tasse einfaches Mehl (Allzweckmehl)

50 g/2 oz/½ Tasse gemahlener Reis

2,5 ml/½ TL Backpulver

Abgeriebene Schale und Saft von 1 Zitrone

2/3 Tasse/4 oz/100 g Puderzucker, gesiebt

Butter oder Margarine und Zucker cremig rühren, bis die Masse leicht und locker ist. Fügen Sie die Eier einzeln hinzu und schlagen Sie nach jeder Zugabe gut durch. Mehl, gemahlenen Reis, Backpulver und Zitronenschale vermischen und unter die Masse rühren. In eine gebutterte und mit Backpapier ausgelegte Kuchenform (18 cm/7 cm) füllen und im vorgeheizten Backofen bei 180 °C/350 °F/Thermostat 4 1 Stunde lang backen, bis er sich federnd anfühlt. Aus der Form nehmen und abkühlen lassen.

Den Puderzucker mit etwas Zitronensaft glatt rühren. Über den Kuchen gießen und stehen lassen.

Eistee-Ring

Für 4 bis 6 Personen

¼ pt/150 ml/2/3 Tasse heiße Milch

2,5 ml/½ TL Trockenhefe

25 g/1 oz/2 EL Puderzucker (superfein)

25 g/1 oz/2 EL Butter oder Margarine

225 g/8 oz/2 Tassen starkes (Brot-)Mehl

1 geschlagenes Ei Für die Füllung:

2 oz/¼ Tasse/50 g Butter oder Margarine, weich

50 g/2 oz/¼ Tasse gemahlene Mandeln

50 g/2 oz/¼ Tasse weicher brauner Zucker

                Für garnieren :

2/3 Tasse/4 oz/100 g Puderzucker, gesiebt

15 ml / 1 EL lauwarmes Wasser

30 ml/2 EL. Esslöffel Mandelblättchen (gehackt)

Die Milch über die Hefe und den Zucker gießen und verrühren. An einem warmen Ort schaumig gehen lassen. Butter oder Margarine in das Mehl einreiben. Die Hefemischung und das Ei dazugeben und gut verrühren. Decken Sie die Schüssel mit geölter Frischhaltefolie (Plastikfolie) ab und lassen Sie sie 1 Stunde lang an einem warmen Ort ruhen. Nochmals durchkneten und dann ein Rechteck von etwa 30 x 23 cm/12 x 9 Zoll formen. Butter oder Margarine für die Füllung auf dem Teig verteilen und mit gemahlenen Mandeln und Zucker bestreuen. Zu einer langen Wurst rollen und einen Ring formen, dabei die Ränder mit etwas Wasser verschließen. Zwei Drittel der Rolle im Abstand von ca. 1½/3 cm einschneiden und auf ein gefettetes Backblech legen. 20 Minuten an einem warmen Ort gehen lassen. Im vorgeheizten Backofen bei 200 °C/425 °F/Gasstufe 7 15 Minuten backen.

Reduzieren Sie die Ofentemperatur für weitere 15 Minuten auf 180 °C/350 °F/Gasstufe 4.

In der Zwischenzeit Puderzucker und Wasser zu einer gefrorenen Glasur verrühren. Nach dem Abkühlen auf dem Kuchen verteilen und mit Mandelblättchen garnieren.

Lardy-Kuchen

Ergibt einen 23 x 18 cm großen Kuchen

15 g/½ oz frische Hefe oder 20 ml/4 EL. Trockenhefe

5 ml/1 TL. Puderzucker (superfein)

½ pt/1¼ Tassen/300 ml lauwarmes Wasser

2/3 Tasse/5 oz/150 g Schmalz (Fett)

450 g/1 Pfund/4 Tassen starkes (Brot-)Mehl

Eine Prise Salz

100 g/4 oz/2/3 Tasse Rosinen (goldene Rosinen)

100 g/4 oz/2/3 Tasse klarer Honig

Die Hefe mit dem Zucker und etwas warmem Wasser vermischen und an einem warmen Ort 20 Minuten schaumig stehen lassen.
25 g/1 oz/2 EL Schmalz in das Mehl und das Salz einreiben und in der Mitte eine Mulde formen. Die Hefemischung und das restliche lauwarme Wasser dazugeben und verrühren, bis ein fester Teig entsteht. Kneten, bis es glatt und elastisch ist. In eine geölte Schüssel geben, mit geölter Frischhaltefolie (Plastikfolie) abdecken und an einem warmen Ort etwa 1 Stunde lang stehen lassen, bis sich das Volumen verdoppelt hat.
Restliches Schmalz würfeln. Den Teig noch einmal durchkneten und dann zu einem Rechteck von etwa 35 x 23 cm/14 x 9 Zoll ausrollen. Die oberen zwei Drittel des Teigs mit einem Drittel des Schmalzes, einem Drittel der Rosinen und einem Viertel des Honigs bedecken. Falten Sie ein Drittel des glatten Teigs über die Füllung und falten Sie dann das obere Drittel nach unten darüber. Drücken Sie die Ränder zusammen, um sie zu verschließen, und drehen Sie den Teig dann eine Vierteldrehung, sodass sich die Falte auf Ihrer linken Seite befindet. Verteilen und wiederholen Sie den Vorgang noch zweimal, um das gesamte Schmalz und die Rosinen aufzubrauchen. Auf ein gefettetes Backblech (Keks) legen

und mit einem Messer kreuzweise einschneiden. Abdecken und 40 Minuten an einem warmen Ort gehen lassen.

Im vorgeheizten Backofen bei 220 °C/425 °F/Thermostat 7 40 Minuten backen. Mit dem restlichen Honig beträufeln und abkühlen lassen.

Kümmel-Speckkuchen

Ergibt einen 23 x 18 cm großen Kuchen

450 g/1 Pfund einfacher Weißbrotteig

6 oz/¾ Tasse Schmalz (Backfett), in Stücke geschnitten

175 g/6 oz/¾ Tasse Puderzucker (superfein)

15 ml/1 EL Kümmel

Bereiten Sie den Teig vor und rollen Sie ihn dann auf einer leicht bemehlten Oberfläche zu einem Rechteck von etwa 35 x 23 cm aus. Die oberen zwei Drittel des Teigs mit der Hälfte des Schmalz und der Hälfte des Zuckers bestreuen und den Teig dann zusammenklappen. Ein Drittel des Teigs ausrollen und das obere Drittel darüber falten. Den Teig eine Vierteldrehung drehen, sodass die Falte auf der linken Seite liegt, dann erneut ausrollen und auf die gleiche Weise mit dem restlichen Schmalz und Zucker sowie dem Kümmel bestreuen. Nochmals falten, dann so formen, dass es in eine Form passt, und die Oberseite rautenförmig einkerben. Mit geölter Frischhaltefolie (Plastikfolie) abdecken und an einem warmen Ort etwa 30 Minuten ruhen lassen, bis sich das Volumen verdoppelt hat.

Im vorgeheizten Backofen bei 200 °C/400 °F/Thermostat 6 1 Stunde backen. 15 Minuten in der Form abkühlen lassen, damit das Fett in den Teig eindringen kann, dann aus der Form auf ein Kuchengitter stürzen und vollständig abkühlen lassen.

Marmorkuchen

Ergibt einen 8"/20 cm großen Kuchen

6 oz/¾ Tasse/175 g Butter oder Margarine, weich

175 g/6 oz/¾ Tasse Puderzucker (superfein)

3 Eier, leicht geschlagen

225 g/8 oz/2 Tassen selbstaufgehendes Mehl (selbstaufgehender)

Ein paar Tropfen Mandelessenz (Extrakt)

Ein paar Tropfen grüne Lebensmittelfarbe

Ein paar Tropfen rote Lebensmittelfarbe

Butter oder Margarine und Zucker cremig rühren, bis die Masse leicht und locker ist. Nach und nach die Eier hinzufügen, dann das Mehl hinzufügen. Teilen Sie die Mischung in drei Teile. Fügen Sie ein Drittel Mandelessenz, ein Drittel grüne Lebensmittelfarbe und ein Drittel rote Lebensmittelfarbe hinzu. Geben Sie große Löffel der drei Mischungen abwechselnd in eine gefettete und ausgelegte 8-Zoll-/20-cm-Kuchenform (Pfanne) und backen Sie sie im vorgeheizten Backofen bei 180 °C/350 °F/Thermostat 4 45 Minuten lang, bis sie fest ist flexibel. berühren.

Lincolnshire-Schichtkuchen

Ergibt einen 8"/20 cm großen Kuchen

175 g/6 oz/¾ Tasse Butter oder Margarine

350 g/12 oz/3 Tassen einfaches Mehl (Allzweckmehl)

Eine Prise Salz

150 ml/¼ pt/2/3 Tasse Milch

15 ml / 1 EL Trockenhefe Für die Füllung:

225 g/8 oz/11/3 Tassen Rosinen (goldene Rosinen)

225 g/8 oz/1 Tasse weicher brauner Zucker

25 g/1 oz/2 EL Butter oder Margarine

2,5 ml/½ TL. gemahlener Piment

1 Ei, getrennt

Die Hälfte der Butter oder Margarine in das Mehl und Salz einreiben, bis die Mischung wie Semmelbrösel aussieht. Restliche Butter oder Margarine mit der Milch handwarm erhitzen, dann etwas mit der Hefe zu einer Paste verrühren. Die Hefemischung sowie die restliche Milch und Butter zur Mehlmischung geben und verkneten, bis ein weicher Teig entsteht. In eine geölte Schüssel geben, abdecken und an einem warmen Ort etwa 1 Stunde gehen lassen, bis sich das Volumen verdoppelt hat. In der Zwischenzeit alle Zutaten für die Füllung außer dem Eiweiß bei schwacher Hitze in einen Topf geben und schmelzen lassen.

Ein Viertel des Teigs zu einem Kreis von 8/20 cm Durchmesser ausrollen und mit einem Drittel der Füllung bestreichen. Wiederholen Sie den Vorgang mit den restlichen Teigmengen und der Füllung und bedecken Sie ihn mit einem Teigkreis. Ränder mit Eiweiß bestreichen und verschließen. Im vorgeheizten Backofen bei 190 °C/Thermostat 5 20 Minuten backen. Bestreichen Sie die Oberfläche mit Eiweiß und backen Sie sie dann für weitere 30 Minuten in den Ofen, bis sie goldbraun sind.

Brotkuchen

Ergibt einen 900 g/2 Pfund schweren Kuchen

6 oz/¾ Tasse/175 g Butter oder Margarine, weich

10 oz/275 g/1¼ Tassen Puderzucker (superfein)

Abgeriebene Schale und Saft einer halben Zitrone

120 ml/4 fl oz/½ Tasse Milch

275 g/10 oz/2¼ Tassen selbstaufgehendes Mehl (selbstaufgehender)

5 ml/1 TL Salz

5 ml/1 TL Backpulver

3 Eier

Puderzucker (Süßwaren), gesiebt, zum Bestäuben

Butter oder Margarine, Zucker und Zitronenschale schaumig rühren, bis eine lockere Masse entsteht. Zitronensaft und Milch einrühren, dann Mehl, Salz und Backpulver hinzufügen und glatt rühren. Nach und nach die Eier hinzufügen und nach jeder Zugabe gut verrühren. Gießen Sie die Mischung in eine gefettete und ausgelegte 900-g-Kastenform (Dose) und backen Sie sie im vorgeheizten Ofen bei 150 °F/300 °F/Thermostat 2 1¼ Stunden lang, bis sie sich federnd anfühlt. Lassen Sie es 10 Minuten in der Form abkühlen, bevor Sie es aus der Form nehmen und auf einem Kuchengitter auskühlen lassen. Mit Puderzucker bestreut servieren.

Marmeladenkuchen

Ergibt einen 7"/18 cm großen Kuchen

6 oz/¾ Tasse/175 g Butter oder Margarine, weich

175 g/6 oz/¾ Tasse Puderzucker (superfein)

3 Eier, getrennt

300g/10oz/2½ Tassen selbstaufgehendes Mehl (selbstaufgehender)

45 ml/3 EL dicke Marmelade

2 oz/50 g/1/3 Tasse gemischte (kandierte) Rinde, gehackt

Abgeriebene Schale von 1 Orange

45 ml/3 EL Wasser

Für die Glasur (Icing):

2/3 Tasse/4 oz/100 g Puderzucker, gesiebt

Saft von 1 Orange

Ein paar Scheiben kandierte Orange (kandiert)

Butter oder Margarine und Zucker cremig rühren, bis die Masse leicht und locker ist. Nach und nach das Eigelb hinzufügen, dann 15 ml / 1 Esslöffel Mehl. Marmelade, gemischte Schale, Orangenschale und Wasser einrühren, dann restliches Mehl unterrühren. Das Eiweiß steif schlagen und dann mit einem Metalllöffel unter die Masse heben. In eine gefettete und mit Backpapier ausgelegte 7-cm-/18-cm-Kuchenform füllen und im vorgeheizten Ofen bei 180 °C/Thermostat 4 1¼ Stunden lang backen, bis der Teig gut aufgegangen ist und sich weich anfühlt. 5 Minuten in der Form abkühlen lassen, dann aus der Form auf ein Kuchengitter stürzen, um das Abkühlen abzuschließen.

Für die Glasur den Puderzucker in eine Schüssel geben und in der Mitte eine Mulde formen. Nach und nach so viel Orangensaft unterrühren, dass eine streichfähige Konsistenz entsteht. Über den Kuchen und die Seiten gießen und stehen lassen. Mit kandierten Orangenscheiben dekorieren.

Mohnkuchen

Ergibt einen 8"/20 cm großen Kuchen

250 ml/8 fl oz/1 Tasse Milch

100 g/4 oz/1 Tasse Mohn

8 oz/1 Tasse Butter oder Margarine, weich

225 g/8 oz/1 Tasse weicher brauner Zucker

3 Eier, getrennt

100 g/4 oz/1 Tasse einfaches Mehl (Allzweckmehl)

100 g/4 oz/1 Tasse Vollkornmehl (Vollkorn)

5 ml/1 TL Backpulver

Die Milch mit dem Mohn in einem kleinen Topf zum Kochen bringen, dann vom Herd nehmen, abdecken und 30 Minuten quellen lassen. Butter oder Margarine und Zucker cremig rühren, bis die Masse hell und schaumig ist. Nach und nach das Eigelb unterrühren, dann das Mehl und das Backpulver hinzufügen. Mohn und Milch unterrühren. Das Eiweiß steif schlagen und dann mit einem Metalllöffel unter die Masse heben. In eine mit Butter bestrichene und ausgelegte Kastenform (8 Zoll/20 cm) füllen und im vorgeheizten Ofen bei 180 °C/350 °F/Thermostat 4 1 Stunde lang backen, bis ein Zahnstocher in der Mitte sauber herauskommt. Lassen Sie es 10 Minuten in der Form abkühlen, bevor Sie es aus der Form nehmen und auf einem Kuchengitter auskühlen lassen.

Naturjoghurtkuchen

Ergibt einen 9"/23 cm großen Kuchen

150g Naturjoghurt

150 ml/¼ pt/2/3 Tasse Öl

225 g/8 oz/1 Tasse Puderzucker (superfein)

225 g/8 oz/2 Tassen selbstaufgehendes Mehl (selbstaufgehender)

10 ml/2 TL Backpulver

2 geschlagene Eier

Alle Zutaten glatt rühren und dann in eine gefettete und mit Backpapier ausgelegte Kuchenform (9/23 cm) füllen. Im vorgeheizten Backofen bei 160°C/325°F/Thermostat 3 1¼ Stunden backen, bis es sich weich anfühlt. In der Form abkühlen lassen.

Pflaumen-Sahne-Torte

Ergibt einen 9"/23 cm großen Kuchen

Für die Füllung:

2/3 Tasse/5 oz/150 g entkernte Pflaumen (entkernt), grob gehackt

120 ml/4 fl oz/½ Tasse Orangensaft

50 g/2 oz/¼ Tasse Puderzucker (superfein)

30 ml/2 EL Maisstärke (Maisstärke)

6 fl oz/¾ Tasse Milch

2 Eigelb

Fein abgeriebene Orangenschale

Für den Kuchen:

6 oz/¾ Tasse/175 g Butter oder Margarine, weich

225 g/8 oz/1 Tasse Puderzucker (superfein)

3 Eier, leicht geschlagen

200 g/7 oz/1¾ Tassen einfaches Mehl (Allzweck)

10 ml/2 TL Backpulver

2,5 ml/½ TL geriebene Muskatnuss

75 ml/5 EL Orangensaft

Machen Sie zuerst die Füllung. Pflaumen mindestens zwei Stunden in Orangensaft einweichen.

Zucker und Speisestärke mit etwas Milch zu einer Paste verrühren. Den Rest der Milch in einem Topf aufkochen. Zucker und Maisstärke darübergießen und gut vermischen, dann zurück in die ausgespülte Pfanne geben und das Eigelb unterrühren. Fügen Sie die Orangenschale hinzu und rühren Sie bei sehr schwacher Hitze um, bis sie eindickt, aber lassen Sie die Konditorcreme nicht kochen. Stellen Sie die Pfanne in eine Schüssel mit kaltem Wasser und rühren Sie die Sahne beim Abkühlen gelegentlich um.

Für den Kuchen Butter oder Margarine und Zucker cremig rühren, bis die Masse leicht und locker ist. Nach und nach die Eier hinzufügen, dann Mehl, Backpulver und Muskatnuss hinzufügen, abwechselnd mit dem Orangensaft. Die Hälfte des Teigs in eine mit Butter bestrichene Kuchenform (9/23 cm) füllen, dann die Teigcreme darauf verteilen und am Rand etwas Platz lassen. Die Pflaumen und das Bratenfett über die Sahne träufeln und dann mit der restlichen Kuchenmischung belegen. Dabei darauf achten, dass die Kuchenmischung die Füllung an den Seiten abdichtet und die Füllung vollständig bedeckt ist. Im vorgeheizten Backofen bei 200 °C/400 °F/Thermostat 6 35 Minuten backen, bis sie goldbraun sind und vom Pfannenrand schrumpfen. Vor dem Entformen in der Form abkühlen lassen.

Himbeerkuchen mit Schokoladenglasur

Ergibt einen 8"/20 cm großen Kuchen

6 oz/¾ Tasse/175 g Butter oder Margarine, weich

175 g/6 oz/¾ Tasse Puderzucker (superfein)

3 Eier, leicht geschlagen

225 g/8 oz/2 Tassen selbstaufgehendes Mehl (selbstaufgehender)

100 g Himbeeren Für die Glasur und Dekoration:

Weißer Schokoladen-Buttercreme-Zuckerguss

100 g/4 oz/1 Tasse Zartbitterschokolade (halbsüß)

Butter oder Margarine und Zucker cremig rühren, bis die Masse leicht und locker ist. Nach und nach die Eier hinzufügen, dann das Mehl hinzufügen. Die Himbeeren pürieren und anschließend durch ein Sieb passieren, um die Kerne zu entfernen. Rühren Sie das Püree in die Kuchenmischung ein, so dass es durch die Mischung fließt und sich nicht mit ihr vermischt. In eine mit Butter ausgekleidete Kuchenform mit 20 cm Durchmesser füllen und im vorgeheizten Backofen bei 180 °C/350 °F/Benzin 4 45 Minuten backen, bis der Teig gut aufgegangen ist und sich elastisch anfühlt. Zum Abkühlen auf einen Rost legen.

Den Buttercremeguss auf dem Kuchen verteilen und die Oberfläche mit einer Gabel aufrauen. Die Schokolade in einer hitzebeständigen Schüssel über einem Topf mit siedendem Wasser schmelzen. Auf einem Backblech (Keks) verteilen und fast fest werden lassen. Mit der flachen Seite eines scharfen Messers über die Schokolade streichen, sodass Locken entstehen. Zum Dekorieren der Oberseite des Kuchens verwenden.

Sandkuchen

Ergibt einen 8"/20 cm großen Kuchen

75 g/3 oz/1/3 Tasse Butter oder Margarine, weich

75 g/3 oz/1/3 Tasse Puderzucker (superfein)

2 Eier, leicht geschlagen

100 g/4 oz/1 Tasse Maismehl (Maisstärke)

25 g/1 oz/¼ Tasse einfaches Mehl (Allzweck)

5 ml/1 TL Backpulver

50 g/2 oz/½ Tasse gehackte gemischte Nüsse

Butter oder Margarine und Zucker cremig rühren, bis die Masse leicht und locker ist. Nach und nach die Eier hinzufügen, dann Maisstärke, Mehl und Backpulver dazugeben. Gießen Sie die Mischung in eine gefettete quadratische Pfanne mit einem Durchmesser von 20 cm und bestreuen Sie sie mit gehackten Walnüssen. Im vorgeheizten Backofen bei 180 °C/350 °F/Thermostat 4 1 Stunde lang backen, bis es sich federnd anfühlt.

Samenkuchen

Ergibt einen 7"/18 cm großen Kuchen

100 g/4 oz/½ Tasse Butter oder Margarine, weich

100 g/4 oz/½ Tasse Puderzucker (superfein)

2 Eier, leicht geschlagen

225 g/8 oz/2 Tassen einfaches Mehl (Allzweck)

25 g Kümmel

5 ml/1 TL Backpulver

Eine Prise Salz

45 ml/3 EL Milch

Butter oder Margarine und Zucker cremig rühren, bis die Masse leicht und locker ist. Nach und nach die Eier unterrühren, dann Mehl, Kümmel, Backpulver und Salz unterrühren. So viel Milch einrühren, dass eine tropfenartige Konsistenz entsteht. In eine gefettete und mit Backpapier ausgelegte Kuchenform (7 cm/18 cm) füllen und im vorgeheizten Ofen (200 °C/400 °F/Thermostat 6) 1 Stunde lang backen, bis er sich federnd anfühlt und anfängt, vom Rand der Form zu schrumpfen.

Würziger Gugelhupf

Ergibt einen Ring von 23 cm

1 Apfel, geschält, entkernt und gerieben

30 ml/2 EL Zitronensaft

25 g/8 oz/1 Tasse weicher brauner Zucker

5 ml/1 TL. gemahlener Ingwer

5 ml/1 TL. Zimt

2,5 ml/½ TL. gemahlene Gewürze (Apfelkuchen)

2/3 Tasse/8 oz/225 g goldener Sirup (heller Mais)

250 ml/8 fl oz/1 Tasse Öl

10 ml/2 TL Backpulver

400 g/14 oz/3½ Tassen einfaches Mehl (Allzweck)

10 ml/2 TL Natron (Backpulver)

250 ml/8 fl oz/1 Tasse starker heißer Tee

1 geschlagenes Ei

Puderzucker (Süßwaren), gesiebt, zum Bestäuben

Apfel- und Zitronensaft vermischen. Zucker und Gewürze einrühren, dann Sirup und Öl. Fügen Sie Backpulver zum Mehl und Natron zum heißen Tee hinzu. Geben Sie sie abwechselnd zur Mischung und fügen Sie dann das Ei hinzu. In eine gefettete und mit Backpapier ausgelegte 9-cm-/23-cm-Kuchenform füllen und im vorgeheizten Ofen bei 180 °C/Thermostat 4 1 Stunde lang backen, bis er sich federnd anfühlt. 10 Minuten in der Form abkühlen lassen, dann aus der Form auf ein Kuchengitter stürzen, um das Abkühlen abzuschließen. Mit Puderzucker bestreut servieren.

Würziger Schichtkuchen

Ergibt einen 9"/23 cm großen Kuchen

100 g/4 oz/½ Tasse Butter oder Margarine, weich

100 g/4 Unzen/½ Tasse Kristallzucker

100 g/4 oz/½ Tasse weicher brauner Zucker

2 geschlagene Eier

175 g/6 oz/1½ Tassen einfaches Mehl (Allzweck)

5 ml/1 TL Backpulver

5 ml/1 TL. Zimt

2,5 ml/½ TL Backpulver (Backpulver)

2,5 ml/½ TL. gemahlene Gewürze (Apfelkuchen)

Eine Prise Salz

200 ml / 7 fl oz / kleine 1 Tasse Kondensmilch aus der Dose

Zitronen-Buttercreme-Zuckerguss

Butter oder Margarine und Zucker cremig rühren, bis die Masse leicht und locker ist. Nach und nach die Eier unterrühren, dann die trockenen Zutaten und die Kondensmilch dazugeben und glatt rühren. Auf zwei gefettete und mit Backpapier ausgelegte 9-cm-/23-cm-Kuchenformen verteilen und im vorgeheizten Backofen bei 180 °C/Thermostat 4 30 Minuten lang backen, bis er sich weich anfühlt. Abkühlen lassen und dann mit Zitronenbuttercreme-Zuckerguss belegen.

Zimt-Zucker-Kuchen

Ergibt einen 9"/23 cm großen Kuchen

175 g/6 oz/1½ Tassen selbstaufgehendes Mehl (selbstaufgehender)

10 ml/2 TL Backpulver

Eine Prise Salz

175 g/6 oz/¾ Tasse Puderzucker (superfein)

2 oz/¼ Tasse/50 g Butter oder Margarine, geschmolzen

1 Ei, leicht geschlagen

120 ml/4 fl oz/½ Tasse Milch

2,5 ml/½ TL Vanilleessenz (Extrakt)

                       Für garnieren :

2 oz/¼ Tasse/50 g Butter oder Margarine, geschmolzen

50 g/2 oz/¼ Tasse weicher brauner Zucker

2,5 ml/½ TL. Zimt

Alle Kuchenzutaten verrühren, bis eine glatte und gut vermischte Masse entsteht. In eine mit Butter bestrichene Kuchenform (9 cm/23 cm) füllen und im vorgeheizten Backofen bei 180 °C/Thermostat 4 25 Minuten goldbraun backen. Den heißen Kuchen mit Butter bestreichen. Zucker und Zimt vermischen und darüber streuen. Den Kuchen für weitere 5 Minuten wieder in den Ofen stellen.

Viktorianischer Teekuchen

Ergibt einen 8"/20 cm großen Kuchen

8 oz/1 Tasse Butter oder Margarine, weich

225 g/8 oz/1 Tasse Puderzucker (superfein)

225 g/8 oz/2 Tassen selbstaufgehendes Mehl (selbstaufgehender)

25 g/1 oz/¼ Tasse Maismehl (Maisstärke)

30 ml/2 EL Kümmel

5 Eier, getrennt

Kristallzucker zum Bestreuen

Butter oder Margarine und Zucker cremig rühren, bis die Masse hell und schaumig ist. Mehl, Speisestärke und Kümmel unterrühren. Schlagen Sie das Eigelb auf und rühren Sie es dann unter die Mischung. Das Eiweiß steif schlagen und mit einem Metalllöffel vorsichtig unter die Masse heben. In eine mit Butter ausgekleidete Kuchenform mit 20 cm Durchmesser füllen und mit Zucker bestreuen. Im vorgeheizten Backofen bei 180°C/350°F/Thermostat 4 1½ Stunden lang backen, bis es goldbraun ist und anfängt, an den Rändern der Form zu schrumpfen.

All-in-One-Obstkuchen

Ergibt einen 8"/20 cm großen Kuchen

6 oz/¾ Tasse/175 g Butter oder Margarine, weich

175 g/6 oz/¾ Tasse weicher brauner Zucker

3 Eier

15 ml/1 TL Esslöffel goldener Sirup (heller Mais)

100 g/4 oz/½ Tasse glasierte Kirschen (kandiert)

100 g/4 oz/2/3 Tasse Rosinen (goldene Rosinen)

100g/4oz/2/3 Tasse Rosinen

225 g/8 oz/2 Tassen selbstaufgehendes Mehl (selbstaufgehender)

10 ml/2 EL. gemahlene Gewürze (Apfelkuchen)

Geben Sie alle Zutaten in eine Schüssel und zerkleinern Sie sie, bis sie gut vermischt sind, oder verarbeiten Sie sie in einer Küchenmaschine. In eine gebutterte und mit Backpapier ausgelegte Kuchenform (8 Zoll/20 cm) füllen und im vorgeheizten Ofen bei 160 °C/325 °F/Thermostat 3 1½ Stunden lang backen, bis ein in der Mitte gesteckter Zahnstocher sauber herauskommt. 5 Minuten in der Form ruhen lassen, dann aus der Form auf ein Kuchengitter stürzen und abkühlen lassen.

All-in-One-Obstkuchen

Ergibt einen 8"/20 cm großen Kuchen

350 g/12 oz/2 Tassen gemischte Trockenfrüchte (Obstkuchenmischung)

100 g Butter oder Margarine

100 g/4 oz/½ Tasse weicher brauner Zucker

150 ml/¼ pt/2/3 Tasse Wasser

2 große geschlagene Eier

225 g/8 oz/2 Tassen selbstaufgehendes Mehl (selbstaufgehender)

5 ml/1 TL. gemahlene Gewürze (Apfelkuchen)

Obst, Butter oder Margarine, Zucker und Wasser in einen Topf geben, aufkochen und dann 15 Minuten leicht köcheln lassen. Abkühlen lassen. Abwechselnd löffelweise Eier mit dem Mehl und den Gewürzmischungen unterrühren und gut verrühren. In eine mit Butter bestrichene 8/20-cm-Kuchenform füllen und im vorgeheizten Backofen bei 140 °C/275 °F/Thermostat 1 1 bis 1½ Stunden backen, bis ein in die Mitte gesteckter Zahnstocher sauber herauskommt.

australischer Obstkuchen

Ergibt einen 900 g/2 Pfund schweren Kuchen

100 g Butter oder Margarine

225 g/8 oz/1 Tasse weicher brauner Zucker

250 ml/8 fl oz/1 Tasse Wasser

350 g/12 oz/2 Tassen gemischte Trockenfrüchte (Obstkuchenmischung)

5 ml/1 TL Backpulver (Backpulver)

10 ml/2 EL. gemahlene Gewürze (Apfelkuchen)

5 ml/1 TL. gemahlener Ingwer

100 g/4 oz/1 Tasse selbstaufgehendes (selbstaufgehendes) Mehl

100 g/4 oz/1 Tasse einfaches Mehl (Allzweckmehl)

1 geschlagenes Ei

Alle Zutaten bis auf das Mehl und das Ei in einem Topf zum Kochen bringen. Vom Herd nehmen und abkühlen lassen. Mehl und Ei vermischen. Geben Sie die Mischung in eine gefettete und ausgelegte 900-g-Kastenform (Dose) und backen Sie sie 1 Stunde lang im vorgeheizten Ofen bei 160 °C/325 °F/Thermostat 3, bis sie gut aufgegangen ist und ein in die Mitte gesteckter Zahnstocher sauber herauskommt.

Amerikanischer reichhaltiger Kuchen

Ergibt einen 10"/25 cm großen Kuchen

225 g/8 oz/1 1/3 Tassen Johannisbeeren

100 g/4 oz/1 Tasse blanchierte Mandeln

15 ml/1 EL Orangenblütenwasser

45 ml/3 EL. Esslöffel trockener Sherry

1 großes Eigelb

2 Eier

350 g/12 oz/1½ Tassen Butter oder Margarine, weich

175 g/6 oz/¾ Tasse Puderzucker (superfein)

Eine Prise Bodenmasse

Eine Prise gemahlener Zimt

Eine Prise gemahlene Nelken

Eine Prise gemahlener Ingwer

Eine Prise geriebene Muskatnuss

30 ml/2 EL Cognac

225 g/8 oz/2 Tassen einfaches Mehl (Allzweck)

2 oz/½ Tasse/50 g gehackte gemischte (kandierte) Schale

Johannisbeeren 15 Minuten in heißem Wasser einweichen, dann gut abtropfen lassen. Die Mandeln mit dem Orangenblütenwasser und 15 ml/1 Esslöffel Sherry fein mahlen. Das Eigelb und die Eier verrühren. Butter oder Margarine und Zucker schaumig rühren, dann die Mandelmischung und die Eier unterrühren und schlagen, bis die Masse weiß und dick ist. Die Gewürze, den restlichen Sherry und den Cognac hinzufügen. Das Mehl einrühren, dann die

Johannisbeeren und die gemischte Schale hinzufügen. In eine mit Butter bestrichene 10/25-cm-Kuchenform füllen und im vorgeheizten Backofen bei 180 °C/350 °F/Thermostat 4 etwa 1 Stunde lang backen, bis ein in die Mitte gesteckter Zahnstocher sauber herauskommt.

Johannisbrotfruchtkuchen

Ergibt einen 7"/18 cm großen Kuchen

450 g/1 Pfund/2⅔ Tassen Rosinen

½ pt/1¼ Tassen/300 ml Orangensaft

6 oz/¾ Tasse/175 g Butter oder Margarine, weich

3 Eier, leicht geschlagen

225 g/8 oz/2 Tassen einfaches Mehl (Allzweck)

75 g/3 oz/¾ Tasse Johannisbrotpulver

10 ml/2 TL Backpulver

Abgeriebene Schale von 2 Orangen

50 g/2 oz/½ Tasse Walnüsse, gehackt

Rosinen über Nacht in Orangensaft einweichen. Butter oder Margarine und Eier glatt rühren. Rosinen, Orangensaft und die restlichen Zutaten nach und nach unterrühren. In eine gebutterte und mit Backpapier ausgelegte Kuchenform (18 cm/7) füllen und im vorgeheizten Backofen bei 180 °C/350 °F/Thermostat 4 30 Minuten lang backen, dann die Ofentemperatur auf 160 °C/325 °F/Benzin 3 senken Weitere 1½ Stunden, bis ein in die Mitte gesteckter Zahnstocher sauber herauskommt. Lassen Sie es 10 Minuten in der Form abkühlen, bevor Sie es zum Abkühlen auf ein Kuchengitter stürzen.

Kaffeefruchtkuchen

Ergibt einen 10"/25 cm großen Kuchen

450 g/1 Pfund/2 Tassen Puderzucker (superfein)

2 Tassen/1 Pfund/450 g entkernte Datteln (entsteint), gehackt

450 g/1 Pfund/22/3 Tassen Rosinen

450 g/1 Pfund/22/3 Tassen Rosinen (goldene Rosinen)

100 g glasierte Kirschen (kandiert), gehackt

100 g/4 oz/1 Tasse gehackte gemischte Nüsse

2 Tassen/¾ pt/450 ml starker schwarzer Kaffee

120 ml/4 fl oz/½ Tasse Öl

100 g/4 oz/1/3 Tasse goldener Sirup (heller Mais)

10 ml/2 EL. Zimt

5 ml/1 TL. geriebene Muskatnuss

Eine Prise Salz

10 ml/2 TL Natron (Backpulver)

15 ml/1 EL Wasser

2 Eier, leicht geschlagen

450 g/1 Pfund/4 Tassen einfaches Mehl (Allzweckmehl)

120 ml/4 fl oz/½ Tasse Sherry oder Brandy

Alle Zutaten außer Backpulver, Wasser, Eiern, Mehl und Sherry oder Cognac in einem Topf mit dickem Boden zum Kochen bringen. Unter ständigem Rühren 5 Minuten kochen lassen, dann vom Herd nehmen und abkühlen lassen.

Backpulver mit Wasser vermischen und mit Eiern und Mehl zur Fruchtmischung geben. In eine gefettete und ausgelegte 10/25-cm-Kuchenform füllen und eine doppelte Lage Pergamentpapier

(Wachspapier) um die Außenseite binden, sodass es über der Oberseite der Form hängt. Im vorgeheizten Backofen bei 160 °C/325 °F/Thermostat 3 1 Stunde backen. Ofentemperatur auf 150 °C/300 °F/Thermostat 2 reduzieren und eine weitere Stunde backen. Ofentemperatur auf 140 °C/275 °F/Thermostat 1 reduzieren und eine dritte Stunde backen. Reduzieren Sie die Ofentemperatur erneut auf 120 °C/250 °F/Thermostat ½ und backen Sie eine letzte Stunde lang. Decken Sie die Oberseite des Kuchens mit Pergamentpapier (Wachspapier) ab, falls er anfängt, zu stark zu bräunen. Beim Backen kommt ein in der Mitte gesteckter Spieß sauber heraus und der Kuchen beginnt an den Rändern der Form zu schrumpfen.

Kornischer schwerer Kuchen

Ergibt einen 900 g/2 Pfund schweren Kuchen

350 g/12 oz/3 Tassen einfaches Mehl (Allzweckmehl)

2,5 ml/½ TL Salz

175 g/6 oz/¾ Tasse Schmalz (Fett)

75 g/3 oz/1/3 Tasse Puderzucker (superfein)

175 g/6 oz/1 Tasse Johannisbeeren

Etwas gehackte gemischte (kandierte) Schale (optional)

Etwa ¼ pt/2/3 Tasse/150 ml Milch und Wasser vermischen

1 geschlagenes Ei

Mehl und Salz in eine Schüssel geben und das Schmalz unterrühren, bis die Mischung wie Semmelbrösel aussieht. Die restlichen trockenen Zutaten unterrühren. Nach und nach so viel Milch und Wasser hinzufügen, dass ein fester Teig entsteht. Es wird nicht viel brauchen. Auf einem gefetteten Backblech (Kochblech) verteilen, bis es etwa 1 cm dick ist. Mit geschlagenem Ei glasieren. Zeichnen Sie mit der Messerspitze ein Kreuzmuster darauf. Im vorgeheizten Backofen bei 160 °C/Thermostat 3 etwa 20 Minuten goldbraun backen. Abkühlen lassen, dann in Quadrate schneiden.

Johannisbeerkuchen

Ergibt einen 9"/23 cm großen Kuchen

225 g/8 oz/1 Tasse Butter oder Margarine

300 g/11 oz/1½ Tassen Puderzucker (superfein)

Eine Prise Salz

100 ml/3½ fl oz/6½ EL kochendes Wasser

3 Eier

400 g/14 oz/3½ Tassen einfaches Mehl (Allzweck)

175 g/6 oz/1 Tasse Johannisbeeren

2 oz/½ Tasse/50 g gehackte gemischte (kandierte) Schale

100 ml/3½ fl oz/6½ EL kaltes Wasser

15 ml/1 EL Backpulver

Butter oder Margarine, Zucker und Salz in eine Schüssel geben, mit kochendem Wasser übergießen und stehen lassen, bis es weich ist. Schnell schlagen, bis die Masse leicht und cremig ist. Nach und nach die Eier dazugeben, dann abwechselnd mit dem kalten Wasser Mehl, Johannisbeeren und gemischte Schale unterrühren. Fügen Sie das Backpulver hinzu. Den Teig in eine mit Butter bestrichene Kuchenform (9 cm/23 cm) füllen und im vorgeheizten Backofen bei 180 °C/Thermostat 4 30 Minuten backen. Reduzieren Sie die Ofentemperatur auf 150 °C/300 °F/Thermostat 2 und backen Sie weitere 40 Minuten, bis ein in die Mitte gesteckter Zahnstocher sauber herauskommt. Lassen Sie es 10 Minuten in der Form abkühlen, bevor Sie es aus der Form nehmen und auf einem Kuchengitter auskühlen lassen.

Schwarzer Obstkuchen

Ergibt einen 10"/25 cm großen Kuchen

8 oz/1 Tasse gemischte glasierte (kandierte) Früchte, gehackt

2 Tassen/12 oz/350 g entkernte Datteln (entkernt), gehackt

8 oz/11/3 Tassen Rosinen

8 oz/1 Tasse glasierte Kirschen (kandiert), gehackt

100 g/4 oz/½ Tasse gefrorene Ananas (kandiert), gehackt

100 g/4 oz/1 Tasse gehackte gemischte Nüsse

225 g/8 oz/2 Tassen einfaches Mehl (Allzweck)

5 ml/1 TL Backpulver (Backpulver)

5 ml/1 TL. Zimt

2,5 ml/½ TL. Piment

1,5 ml/¼ TL gemahlene Nelken

1,5 ml/¼ TL Salz

225 g/8 oz/1 Tasse Schmalz (Fett)

225 g/8 oz/1 Tasse weicher brauner Zucker

3 Eier

175 g/6 oz/½ Tasse Blackstrap-Melasse (Melasse)

2,5 ml/½ TL Vanilleessenz (Extrakt)

120 ml/4 fl oz/½ Tasse Buttermilch

Früchte und Nüsse mischen. Mehl, Backpulver, Gewürze und Salz vermischen und ½ Tasse/2 oz/50 g Obst unterrühren. Schmalz und Zucker verrühren, bis die Masse hell und schaumig ist. Nach und nach die Eier hinzufügen und nach jeder Zugabe gut verrühren. Melasse und Vanilleessenz unterrühren. Buttermilch abwechselnd mit der restlichen Mehlmischung dazugeben und glatt rühren. Obst unterrühren. In eine gebutterte und mit Backpapier ausgelegte Kuchenform (10–25 cm) füllen und im vorgeheizten Backofen bei 140 °C/275 °F/Thermostat 1 2½ Stunden lang backen, bis ein in der Mitte gesteckter Zahnstocher sauber herauskommt. 10 Minuten in der Form abkühlen lassen, dann aus der Form auf ein Kuchengitter stürzen, um das Abkühlen abzuschließen.

Atemberaubender Kuchen

Ergibt einen 8"/20 cm großen Kuchen

12/3 Tassen/10 oz/275 g gemischte Trockenfrüchte (Obstkuchenmischung)

100 g Butter oder Margarine

150 ml/¼ pt/2/3 Tasse Wasser

1 geschlagenes Ei

225 g/8 oz/2 Tassen einfaches Mehl (Allzweck)

Eine Prise Salz

100 g/4 oz/½ Tasse Puderzucker (superfein)

Obst, Butter oder Margarine und Wasser in einen Topf geben und 20 Minuten köcheln lassen. Abkühlen lassen. Das Ei hinzufügen und nach und nach Mehl, Salz und Zucker hinzufügen. In eine gebutterte Kuchenform (20 cm/8 Zoll) füllen und im vorgeheizten Backofen bei 160 °C/325 °F/Thermostat 3 1 Stunde und 30 Minuten backen, bis ein Zahnstocher in der Mitte sauber herauskommt.

Dundee-Kuchen

Ergibt einen 8"/20 cm großen Kuchen

8 oz/1 Tasse Butter oder Margarine, weich

225 g/8 oz/1 Tasse Puderzucker (superfein)

4 große Eier

225 g/8 oz/2 Tassen einfaches Mehl (Allzweck)

Eine Prise Salz

350 g/12 oz/2 Tassen Johannisbeeren

350 g/12 oz/2 Tassen Rosinen (goldene Rosinen)

175 g/6 oz/1 Tasse gehackte gemischte (kandierte) Rinde

100 g/4 oz/1 Tasse glasierte Kirschen (kandiert), geviertelt

Abgeriebene Schale einer halben Zitrone

50 g ganze Mandeln, blanchiert

Butter und Zucker schaumig schlagen, bis sie hell und hell sind. Fügen Sie die Eier einzeln hinzu und schlagen Sie zwischen den einzelnen Zugaben gut durch. Mehl und Salz einrühren. Obst und Zitronenschale unterrühren. Die Hälfte der Mandeln hacken und zur Mischung geben. In eine gefettete und ausgelegte Kuchenform (20 cm Durchmesser) gießen und einen Streifen brauncs Papier um die Außenseite der Form binden, sodass er etwa 5 cm höher als die Form ist. Die zurückbehaltenen Mandeln teilen und in konzentrischen Kreisen auf dem Kuchen verteilen. Im vorgeheizten Backofen bei 150°C/300°F/Thermostat 2 3½ Stunden backen, bis ein Zahnstocher in der Mitte sauber herauskommt. Überprüfen Sie nach 2:30 Uhr, ob der Kuchen oben zu stark braun wird.

Obstkuchen über Nacht ohne Eier

Ergibt einen 8"/20 cm großen Kuchen

2 oz/¼ Tasse/50 g Butter oder Margarine

225 g/8 oz/2 Tassen selbstaufgehendes Mehl (selbstaufgehender)

5 ml/1 TL Backpulver (Backpulver)

5 ml/1 TL. geriebene Muskatnuss

5 ml/1 TL. gemahlene Gewürze (Apfelkuchen)

Eine Prise Salz

225 g/8 oz/11/3 Tassen gemischte Trockenfrüchte (Früchtekuchenmischung)

100 g/4 oz/½ Tasse weicher brauner Zucker

250 ml/8 fl oz/1 Tasse Milch

Butter oder Margarine in Mehl, Backpulver, Gewürze und Salz einreiben, bis die Mischung wie Semmelbrösel aussieht. Obst und Zucker vermischen und dann Milch einrühren, bis alle Zutaten gut vermischt sind. Abdecken und über Nacht stehen lassen.

Gießen Sie die Mischung in eine gefettete und mit Backpapier ausgelegte Kuchenform mit einem Durchmesser von 20 cm und backen Sie sie im vorgeheizten Ofen bei 180 °C/350 °F/Thermostat 4 für 1 Stunde und 30 Minuten, bis ein Zahnstocher in der Mitte herauskommt.

Unfehlbarer Obstkuchen

Ergibt einen 9"/23 cm großen Kuchen

225 g/8 oz/1 Tasse Butter oder Margarine

200 g / 7 oz / wenig 1 Tasse Puderzucker (superfein)

175 g/6 oz/1 Tasse Johannisbeeren

175 g/6 oz/1 Tasse Rosinen (goldene Rosinen)

2 oz/½ Tasse/50 g gehackte gemischte (kandierte) Schale

75 g/3 oz/½ Tasse entkernte Datteln (entsteint), gehackt

5 ml/1 TL Backpulver (Backpulver)

200 ml / 7 fl oz / knapp 1 Tasse Wasser

2 oz/¼ Tasse (75 g) glasierte Kirschen (kandiert), gehackt

100 g/4 oz/1 Tasse gehackte gemischte Nüsse

60 ml/4 TL Brandy oder Sherry

300 g/11 oz/2¾ Tassen einfaches Mehl (Allzweck)

5 ml/1 TL Backpulver

Eine Prise Salz

2 Eier, leicht geschlagen

Butter oder Margarine schmelzen, dann Zucker, Johannisbeeren, Rosinen, Schale und Datteln unterrühren. Natron mit etwas Wasser vermischen und mit dem restlichen Wasser unter die Fruchtmischung rühren. Zum Kochen bringen und dann 20 Minuten lang leicht köcheln lassen, dabei gelegentlich umrühren. Abdecken und über Nacht stehen lassen.

Eine 9 cm/23 cm große Kuchenform (Dose) mit Butter auslegen, auslegen und eine doppelte Schicht Pergament (gewachst) oder braunes Papier über der Oberseite der Form festbinden. Glasierte Kirschen, Walnüsse und Brandy oder Sherry unter die Mischung rühren, dann Mehl, Backpulver und Salz hinzufügen. Eier unterrühren. In die vorbereitete Kuchenform füllen und im vorgeheizten Backofen bei 160 °C/Thermostat 3 1 Stunde backen. Ofentemperatur auf 140 °C/275 °F/Thermostat 1 reduzieren und eine weitere Stunde backen. Reduzieren Sie die Ofentemperatur erneut auf 120 °C/250 °F/Thermostat ½ und backen Sie eine weitere Stunde, bis ein in die Mitte gesteckter Zahnstocher sauber herauskommt. Decken Sie die Oberseite des Kuchens gegen Ende des Backvorgangs mit einem Kreis aus Pergament oder braunem Papier ab, wenn er zu stark bräunt. 30 Minuten in der Pfanne abkühlen lassen,

Ingwer-Früchtekuchen

Ergibt einen 7"/18 cm großen Kuchen

100 g/4 oz/½ Tasse Butter oder Margarine, weich

100 g/4 oz/½ Tasse Puderzucker (superfein)

2 Eier, leicht geschlagen

30 ml/2 EL Milch

225 g/8 oz/2 Tassen selbstaufgehendes Mehl (selbstaufgehender)

5 ml/1 TL Backpulver

10 ml/2 EL. gemahlene Gewürze (Apfelkuchen)

5 ml/1 TL. gemahlener Ingwer

100g/4oz/2/3 Tasse Rosinen

100 g/4 oz/2/3 Tasse Rosinen (goldene Rosinen)

Butter oder Margarine und Zucker cremig rühren, bis die Masse leicht und locker ist. Nach und nach Eier und Milch hinzufügen, dann Mehl, Backpulver und Gewürze hinzufügen, dann die Früchte. Gießen Sie die Mischung in eine gefettete und mit Backpapier ausgelegte Kuchenform (7/18 cm) und backen Sie sie im vorgeheizten Ofen bei 160 °C/325 °F/Thermostat 3 1½ Stunden lang, bis sie gut aufgebläht und goldbraun ist.

Bauernhof-Honig-Fruchtkuchen

Ergibt einen 8"/20 cm großen Kuchen

2/3 Tasse/6 oz/175 g Butter oder Margarine, weich

175 g/6 oz/½ Tasse klarer Honig

Abgeriebene Schale von 1 Zitrone

3 Eier, leicht geschlagen

225 g/8 oz/2 Tassen Vollkornmehl (Vollkorn)

10 ml/2 TL Backpulver

5 ml/1 TL. gemahlene Gewürze (Apfelkuchen)

100g/4oz/2/3 Tasse Rosinen

100 g/4 oz/2/3 Tasse Rosinen (goldene Rosinen)

100 g/4 oz/2/3 Tasse Johannisbeeren

2 oz / 1/3 Tasse verzehrfertige getrocknete Aprikosen, gehackt

2 oz/50 g/1/3 Tasse gemischte (kandierte) Rinde, gehackt

25 g/1 oz/¼ Tasse gemahlene Mandeln

25 g/1 oz/¼ Tasse Mandeln

Butter oder Margarine, Honig und Zitronenschale cremig rühren, bis die Masse leicht und locker ist. Nach und nach die Eier dazugeben, dann Mehl, Backpulver und Gewürzmischung unterrühren. Obst und gemahlene Mandeln unterrühren. In eine mit Butter ausgekleidete und mit Backpapier ausgelegte Kuchenform von 20 cm Durchmesser füllen und in der Mitte eine leichte Mulde formen. Die Mandeln am oberen Rand des Kuchens anordnen. Im vorgeheizten Backofen bei 160 °C/Thermostat 3 2 bis 2½ Stunden backen, bis ein in die Mitte gesteckter Zahnstocher sauber herauskommt. Decken Sie die Oberseite des Kuchens gegen

Ende des Garvorgangs mit Pergamentpapier (Wachspapier) ab, wenn er zu stark bräunt. Lassen Sie es 10 Minuten in der Form abkühlen, bevor Sie es zum Abkühlen auf ein Kuchengitter stürzen.

Genua-Kuchen

Ergibt einen 9"/23 cm großen Kuchen

8 oz/1 Tasse Butter oder Margarine, weich

100 g/4 oz/½ Tasse Puderzucker (superfein)

4 Eier, getrennt

5 ml/1 TL. Mandelessenz (Extrakt)

5 ml/1 TL. geriebene Orangenschale

8 oz/11/3 Tassen Rosinen, gehackt

2/3 Tasse/100 g rote Johannisbeeren, gehackt

2/3 Tasse/100 g goldene Rosinen, gehackt

2 oz/50 g/¼ Tasse glasierte Kirschen (kandiert), gehackt

2 oz/50 g/1/3 Tasse gemischte (kandierte) Rinde, gehackt

100 g/4 oz/1 Tasse gemahlene Mandeln

25 g/1 oz/¼ Tasse Mandeln

350 g/12 oz/3 Tassen einfaches Mehl (Allzweckmehl)

10 ml/2 TL Backpulver

5 ml/1 TL. Zimt

Butter oder Margarine und Zucker schaumig rühren, dann Eigelb, Mandelessenz und Orangenschale unterrühren. Obst und Nüsse mit etwas Mehl vermengen, bis sie bedeckt sind, dann abwechselnd einen Löffel Mehl, Backpulver und Zimt mit einem Löffel der Fruchtmischung unterrühren, bis alles gut vermischt ist. Das Eiweiß steif schlagen und dann unter die Masse heben. In eine mit Butter bestrichene und ausgelegte Kuchenform (9/23 cm) füllen und im vorgeheizten Backofen bei 190 °C/375 °F/Thermostat 5 30 Minuten lang backen, dann die

Ofentemperatur auf 160 °C/325 °F/Benzin 3 senken Weitere 1½ Stunden, bis es sich federnd anfühlt und ein in die Mitte gesteckter Zahnstocher sauber herauskommt. In der Form abkühlen lassen.

Fruchteiskuchen

Ergibt einen 9"/23 cm großen Kuchen

8 oz/1 Tasse Butter oder Margarine, weich

225 g/8 oz/1 Tasse Puderzucker (superfein)

4 Eier, leicht geschlagen

45 ml/3 EL. Cognac

250 g/9 oz/1¼ Tassen einfaches Mehl (Allzweckmehl)

2,5 ml/½ TL Backpulver

Eine Prise Salz

8 oz/1 Tasse gemischtes gefrorenes (kandiertes) Obst wie Kirschen, Ananas, Orangen, Feigen, in Scheiben geschnitten

100g/4oz/2/3 Tasse Rosinen

100 g/4 oz/2/3 Tasse Rosinen (goldene Rosinen)

75 g/3 oz/½ Tasse Johannisbeeren

50 g/2 oz/½ Tasse gehackte gemischte Nüsse

Abgeriebene Schale von 1 Zitrone

Butter oder Margarine und Zucker cremig rühren, bis die Masse leicht und locker ist. Nach und nach die Eier und den Cognac hinzufügen. In einer separaten Schüssel die restlichen Zutaten vermischen, bis die Früchte gut mit Mehl bedeckt sind. Zur Mischung hinzufügen und gut vermischen. In eine gebutterte Kuchenform (9/23 cm) füllen und im vorgeheizten Backofen bei 180 °C/Thermostat 4 30 Minuten backen. Reduzieren Sie die Ofentemperatur auf 150 °C/300 °F/Thermostat 3 und backen Sie weitere 50 Minuten, bis ein in die Mitte gesteckter Zahnstocher sauber herauskommt.

Guinness-Früchtekuchen

Ergibt einen 9"/23 cm großen Kuchen

225 g/8 oz/1 Tasse Butter oder Margarine

225 g/8 oz/1 Tasse weicher brauner Zucker

½ pt/1¼ Tassen/300 ml Guinness oder Stout

8 oz/11/3 Tassen Rosinen

225 g/8 oz/11/3 Tassen Rosinen (goldene Rosinen)

225 g/8 oz/11/3 Tassen Johannisbeeren

2/3 Tasse/100 g gemischte (kandierte) Rinde, gehackt

550 g/1¼ lb/5 Tassen einfaches Mehl (Allzweckmehl)

2,5 ml/½ TL Backpulver (Backpulver)

5 ml/1 TL. gemahlene Gewürze (Apfelkuchen)

2,5 ml/½ TL geriebene Muskatnuss

3 Eier, leicht geschlagen

Butter oder Margarine, Zucker und Guinness in einem kleinen Topf bei schwacher Hitze zum Kochen bringen und gut vermischen. Die Früchte und die gemischte Schale einrühren, zum Kochen bringen und dann 5 Minuten köcheln lassen. Vom Herd nehmen und abkühlen lassen.

Mehl, Natron und Gewürze vermischen und in der Mitte eine Mulde formen. Fügen Sie die frische Fruchtmischung und die Eier hinzu und verrühren Sie alles, bis alles gut vermischt ist. In eine gebutterte und mit Backpapier ausgelegte Kuchenform (23 cm/9 cm) füllen und im vorgeheizten Backofen bei 160 °C/325 °F/Thermostat 3 2 Stunden lang backen, bis ein Zahnstocher in der Mitte sauber herauskommt. 20 Minuten in der Form abkühlen lassen, dann aus der Form auf ein Kuchengitter stürzen, um das Abkühlen abzuschließen.

Hackfleischkuchen

Ergibt einen 8"/20 cm großen Kuchen

225 g/8 oz/2 Tassen selbstaufgehendes Mehl (selbstaufgehender)

350 g/12 oz/2 Tassen Hackfleisch

75 g/3 oz/½ Tasse gemischte Trockenfrüchte (Obstkuchenmischung)

3 Eier

2/3 Tasse/5 oz/150 g weiche Margarine

2/3 Tasse/5 oz/150 g weicher brauner Zucker

Alle Zutaten vermischen, bis alles gut vermischt ist. In eine gebutterte und mit Backpapier ausgelegte Kuchenform (8 Zoll/20 cm) füllen und im vorgeheizten Backofen bei 160 °C/325 °F/Thermostat 3 1½ Stunden backen, bis der Teig gut aufgegangen ist und sich fest anfühlt.

Haferflocken-Aprikosen-Früchtekuchen

Ergibt einen 8"/20 cm großen Kuchen

6 oz/¾ Tasse/175 g Butter oder Margarine, weich

50 g/2 oz/¼ Tasse weicher brauner Zucker

30 ml/2 EL klarer Honig

3 geschlagene Eier

175 g/6 oz/¼ Tasse Vollkornmehl (Vollkorn)

50 g/2 Unzen/½ Tasse Hafermehl

10 ml/2 TL Backpulver

250 g/9 oz/1½ Tassen gemischte Trockenfrüchte (Früchtekuchenmischung)

2 oz / 1/3 Tasse verzehrfertige getrocknete Aprikosen, gehackt

Abgeriebene Schale und Saft von 1 Zitrone

Butter oder Margarine und Zucker mit Honig schaumig schlagen. Nach und nach die Eier abwechselnd mit Mehl und Backpulver hinzufügen. Trockenfrüchte und Zitronensaft und -schale unterrühren. In eine gebutterte und mit Backpapier ausgelegte Kuchenform (20 cm/8 Zoll) füllen und im vorgeheizten Backofen bei 180 °C/350 °F/Thermostat 4 1 Stunde lang backen. Reduzieren Sie die Ofentemperatur auf 160 °C/325 °F/Thermostat 3 und backen Sie weitere 30 Minuten, bis ein in die Mitte gesteckter Zahnstocher sauber herauskommt. Decken Sie die Oberseite mit Backpapier ab, falls der Kuchen zu schnell braun wird.

Obstkuchen über Nacht

Ergibt einen 8"/20 cm großen Kuchen

450 g/1 Pfund/4 Tassen einfaches Mehl (Allzweckmehl)

225 g/8 oz/11/3 Tassen Johannisbeeren

225 g/8 oz/11/3 Tassen Rosinen (goldene Rosinen)

225 g/8 oz/1 Tasse weicher brauner Zucker

2 oz/50 g/1/3 Tasse gemischte (kandierte) Rinde, gehackt

175 g/6 oz/¾ Tasse Schmalz (Fett)

15 ml/1 TL Esslöffel goldener Sirup (heller Mais)

10 ml/2 TL Natron (Backpulver)

15 ml/1 EL Milch

300 ml/½ pt/1¼ Tassen Wasser

Mehl, Obst, Zucker und Schale vermischen. Schmalz und Sirup schmelzen und unter die Masse rühren. Backpulver in Milch auflösen und mit Wasser in die Kuchenmischung einrühren. In eine mit Butter bestrichene Kuchenform (8 Zoll/20 cm) füllen, abdecken und über Nacht stehen lassen.

Backen Sie den Kuchen im vorgeheizten Backofen bei 160 °C/375 °F/Thermostat 3 1½ Stunden lang, bis ein in die Mitte gesteckter Zahnstocher sauber herauskommt.

Rosinen- und Gewürzkuchen

Ergibt ein 900 g/2 Pfund schweres Brot

225 g/8 oz/1 Tasse weicher brauner Zucker

300 ml/½ pt/1¼ Tassen Wasser

100 g Butter oder Margarine

15 ml/1 EL Blackstrap-Melasse (Melasse)

175 g/6 oz/1 Tasse Rosinen

5 ml/1 TL. Zimt

2. 5 ml/½ TL. geriebene Muskatnuss

2,5 ml/½ TL. Piment

225 g/8 oz/2 Tassen einfaches Mehl (Allzweck)

5 ml/1 TL Backpulver

5 ml/1 TL Backpulver (Backpulver)

Zucker, Wasser, Butter oder Margarine, Melasse, Rosinen und Gewürze in einem kleinen Topf bei mittlerer Hitze unter ständigem Rühren schmelzen. Zum Kochen bringen und 5 Minuten köcheln lassen. Vom Herd nehmen und die restlichen Zutaten unterrühren. Gießen Sie die Mischung in eine gefettete und ausgelegte 900-g-Kastenform (Dose) und backen Sie sie 50 Minuten lang im vorgeheizten Ofen bei 180 °C/Thermostat 4, bis ein Zahnstocher hineingesteckt wird. In der Mitte kommt alles sauber heraus.

Richmond-Kuchen

Ergibt einen 15 cm großen Kuchen

225 g/8 oz/2 Tassen einfaches Mehl (Allzweck)

Eine Prise Salz

75 g/3 oz/1/3 Tasse Butter oder Margarine

100 g/4 oz/½ Tasse Puderzucker (superfein)

2,5 ml/½ TL Backpulver

100 g/4 oz/2/3 Tasse Johannisbeeren

2 geschlagene Eier

Ein bisschen Milch

Mehl und Salz in eine Schüssel geben und Butter oder Margarine unterrühren, bis die Masse wie Semmelbrösel aussieht. Zucker, Hefe und Johannisbeeren hinzufügen. Geben Sie die Eier und so viel Milch hinzu, dass ein fester Teig entsteht. Eine mit Butter bestrichene und ausgekleidete Kuchenform von 15 cm/6 formen. Im vorgeheizten Backofen bei 190 °C/Thermostat 5 etwa 45 Minuten backen, bis ein Zahnstocher in der Mitte sauber herauskommt. Auf einem Gitter abkühlen lassen.

Safranfruchtkuchen

Ergibt zwei 450 g schwere Kuchen

2,5 ml/½ TL Safranfäden

Heißes Wasser

15 g/½ oz frische Hefe oder 20 ml/4 EL. Trockenhefe

8 Tassen/2 Pfund/900 g einfaches Mehl (Allzweckmehl)

225 g/8 oz/1 Tasse Puderzucker (superfein)

2,5 ml/½ TL. gemahlene Gewürze (Apfelkuchen)

Eine Prise Salz

100 g/4 oz/½ Tasse Schmalz (Backfett)

100 g Butter oder Margarine

300 ml/½ pt/1¼ Tassen heiße Milch

350 g/12 oz/2 Tassen gemischte Trockenfrüchte (Obstkuchenmischung)

2 oz / 1/3 Tasse gemischte Rinde (kandiert), gehackt

> Die Safranfäden hacken und über Nacht in 45 ml/3 EL warmem Wasser einweichen.

Die Hefe mit 30 ml/2 EL Mehl, 5 ml/1 TL Zucker und 75 ml/5 EL warmem Wasser vermischen und an einem warmen Ort 20 Minuten schaumig gehen lassen.

Restliches Mehl und Zucker mit den Gewürzen und Salz vermischen. Schmalz und Butter oder Margarine einreiben, bis die Masse wie Semmelbrösel aussieht, dann in die Mitte eine Mulde drücken. Hefemischung, Safran und Safranflüssigkeit, warme Milch, gemischte Früchte und Schale dazugeben und zu einem weichen Teig verrühren. In eine geölte Schüssel geben, mit Frischhaltefolie (Plastikfolie) abdecken und 3 Stunden an einem warmen Ort stehen lassen.

Formen Sie zwei Brote, legen Sie sie in zwei gefettete 450-g-Kastenformen (Formen) und backen Sie sie 40 Minuten lang im vorgeheizten Ofen bei 220 °C/Thermostat 7, bis sie gut aufgegangen und goldbraun sind.

Obstkuchen mit Limonade

Ergibt einen Kuchen von 450 g/1 Pfund

225 g/8 oz/2 Tassen einfaches Mehl (Allzweck)

1,5 ml/¼ TL Salz

Eine Prise Backpulver (Backpulver)

2 oz/¼ Tasse/50 g Butter oder Margarine

50 g/2 oz/¼ Tasse Puderzucker (superfein)

2/3 Tasse/4 oz/100 g getrocknete gemischte Früchte (Früchtekuchenmischung)

¼ pt/2/3 Tasse/150 ml Quark oder Milch mit 1 TL/5 ml Zitronensaft

5 ml/1 TL. Blackstrap-Melasse (Melasse)

Mehl, Salz und Backpulver in einer Schüssel vermischen. Butter oder Margarine einreiben, bis die Mischung wie Semmelbrösel aussieht. Zucker und Obst dazugeben und gut vermischen. Milch und Melasse erhitzen, bis die Melasse geschmolzen ist, dann zu den trockenen Zutaten geben und zu einer steifen Paste verrühren. In eine gefettete 450-g-Kastenform (Dose) füllen und im vorgeheizten Backofen bei 190 °C/Thermostat 5 etwa 45 Minuten lang goldbraun backen.

Schneller Obstkuchen

Ergibt einen 8"/20 cm großen Kuchen

450 g/1 Pfund/22/3 Tassen gemischte Trockenfrüchte (Obstkuchenmischung)

225 g/8 oz/1 Tasse weicher brauner Zucker

100 g Butter oder Margarine

150 ml/¼ pt/2/3 Tasse Wasser

2 geschlagene Eier

225 g/8 oz/2 Tassen selbstaufgehendes Mehl (selbstaufgehender)

Obst, Zucker, Butter oder Margarine und Wasser zum Kochen bringen, dann zugedeckt 15 Minuten leicht köcheln lassen. Abkühlen lassen. Eier und Mehl unterrühren, dann die Mischung in eine gefettete und mit Backpapier ausgelegte Kuchenform mit 20 cm Durchmesser füllen und im vorgeheizten Backofen bei 150 °C/Thermostat 3 1 Stunde und 30 Minuten backen, bis die Oberfläche goldbraun ist und sich verjüngt von den Seiten der Box.

Obstkuchen mit heißem Tee

Ergibt einen 900 g/2 Pfund schweren Kuchen

450 g/1 Pfund/2½ Tassen gemischte Trockenfrüchte (Früchtekuchenmischung)

½ pt/1¼ Tassen/300 ml heißer schwarzer Tee

10 oz/350 g/1¼ Tassen weicher brauner Zucker

350 g/10 oz/2½ Tassen selbstaufgehendes Mehl (selbstaufgehender)

1 geschlagenes Ei

Die Früchte in den heißen Tee geben und über Nacht ziehen lassen. Zucker, Mehl und Ei einrühren und in eine gefettete und ausgekleidete 900-g-Kastenform (Form) füllen. Im vorgeheizten Backofen bei 160°C/325°F/Thermostat 3 2 Stunden backen, bis der Teig gut aufgegangen und goldbraun ist.

Kalter Tee-Früchtekuchen

Ergibt einen 15 cm großen Kuchen

100 g Butter oder Margarine

225 g/8 oz/1 1/3 Tassen gemischte Trockenfrüchte (Früchtekuchenmischung)

250 ml/8 fl oz/1 Tasse kalter schwarzer Tee

225 g/8 oz/2 Tassen selbstaufgehendes Mehl (selbstaufgehender)

100 g/4 oz/½ Tasse Puderzucker (superfein)

5 ml/1 TL Backpulver (Backpulver)

1 großes Ei

Butter oder Margarine in einem Topf schmelzen, Obst und Tee hinzufügen und zum Kochen bringen. 2 Minuten köcheln lassen, dann abkühlen lassen. Die restlichen Zutaten hinzufügen und gut vermischen. In eine mit Butter bestrichene und mit Backpapier ausgelegte 6/15-cm-Kuchenform füllen und im vorgeheizten Backofen bei 160 °C/Thermostat 3 1¼–1½ Stunden lang backen, bis sich die Masse fest anfühlt. Abkühlen lassen, dann in Scheiben geschnitten servieren und mit Butter bestreichen.

Obstkuchen ohne Zucker

Ergibt einen 8"/20 cm großen Kuchen

4 getrocknete Aprikosen

60 ml/4 EL Orangensaft

8 fl oz/1 Tasse Stout

100 g/4 oz/2/3 Tasse Rosinen (goldene Rosinen)

100g/4oz/2/3 Tasse Rosinen

50 g/2 oz/¼ Tasse Johannisbeeren

2 oz/¼ Tasse/50 g Butter oder Margarine

225 g/8 oz/2 Tassen selbstaufgehendes Mehl (selbstaufgehender)

75 g/3 oz/¾ Tasse gehackte gemischte Nüsse

10 ml/2 EL. gemahlene Gewürze (Apfelkuchen)

5 ml/1 TL Instantkaffeepulver

3 Eier, leicht geschlagen

15 ml/1 EL Brandy oder Whiskey

Aprikosen in Orangensaft einweichen, bis sie weich sind, dann hacken. Mit dem Stout, den Trockenfrüchten und der Butter oder Margarine in einen Topf geben, zum Kochen bringen und dann 20 Minuten köcheln lassen. Abkühlen lassen.

Mehl, Nüsse, Gewürze und Kaffee vermischen. Stout-Mischung, Eier und Brandy oder Whisky unterrühren. Die Masse in eine mit Butter bestrichene und mit Backpapier ausgelegte Kuchenform mit 20 cm Durchmesser füllen und im vorgeheizten Backofen bei 180 °C/Thermostat 4 20 Minuten backen. Reduzieren Sie die Ofentemperatur auf 150 °C/300 °F/Thermostat 2 und backen Sie weitere 1½ Stunden, bis ein in die Mitte gesteckter Zahnstocher sauber herauskommt. Decken Sie die Oberseite gegen Ende des Garvorgangs mit Pergamentpapier (Wachspapier) ab, wenn sie zu stark bräunt. Lassen Sie es 10 Minuten in der Form abkühlen, bevor Sie es zum Abkühlen auf ein Kuchengitter stürzen.

Obst-Cupcakes

Ergibt 48

100 g/4 oz/½ Tasse Butter oder Margarine, weich

225 g/8 oz/1 Tasse weicher brauner Zucker

2 Eier, leicht geschlagen

175 g/6 oz/1 Tasse entkernte Datteln (entsteint), gehackt

50 g/2 oz/½ Tasse gehackte gemischte Nüsse

15 ml / 1 EL geriebene Orangenschale

225 g/8 oz/2 Tassen einfaches Mehl (Allzweck)

5 ml/1 TL Backpulver (Backpulver)

2,5 ml/½ TL Salz

¼ pt/150 ml/2/3 Tasse Buttermilch

6 glasierte Kirschen (kandiert), in Scheiben geschnitten

Orangenfruchtkuchen-Zuckerguss

Butter oder Margarine und Zucker schaumig rühren, bis sie leicht und locker sind. Schlagen Sie die Eier nach und nach auf. Datteln, Walnüsse und Orangenschale unterrühren. Mehl, Backpulver und Salz vermischen. Abwechselnd mit Buttermilch zur Mischung geben und verrühren, bis alles gut vermischt ist. In gefettete 5 cm/2 Muffinformen füllen und mit Kirschen dekorieren. Im vorgeheizten Backofen bei 190 °C/Thermostat 5 20 Minuten backen, bis ein Zahnstocher in der Mitte sauber herauskommt. Auf ein Kühlregal geben und kurz warm stehen lassen, dann mit Orangenglasur bestreichen.

Essigfruchtkuchen

Ergibt einen 9"/23 cm großen Kuchen

225 g/8 oz/1 Tasse Butter oder Margarine

450 g/1 Pfund/4 Tassen einfaches Mehl (Allzweckmehl)

225 g/8 oz/1 1/3 Tassen Rosinen (goldene Rosinen)

100g/4oz/2/3 Tasse Rosinen

100 g/4 oz/2/3 Tasse Johannisbeeren

225 g/8 oz/1 Tasse weicher brauner Zucker

5 ml/1 TL Backpulver (Backpulver)

300 ml/½ pt/1¼ Tasse Milch

45 ml/3 EL Malzessig

Butter oder Margarine in das Mehl einreiben, bis die Mischung wie Semmelbrösel aussieht. Obst und Zucker unterrühren und in der Mitte eine Mulde formen. Natron, Milch und Essig vermischen – die Masse schäumt. Unter die trockenen Zutaten rühren, bis alles gut vermischt ist. Die Masse in eine mit Butter bestrichene und mit Backpapier ausgelegte Kuchenform (23 cm/9 cm) füllen und im vorgeheizten Backofen bei 200 °C/400 °F/Thermostat 6 25 Minuten backen. Reduzieren Sie die Ofentemperatur auf 160 °C/325 °F/Thermostat 3 und backen Sie weitere 1½ Stunden, bis sie goldbraun sind und sich fest anfühlen. 5 Minuten in der Form abkühlen lassen, dann aus der Form auf ein Kuchengitter stürzen, um das Abkühlen abzuschließen.

Virginia-Whisky-Kuchen

Ergibt einen Kuchen von 450 g/1 Pfund

100 g/4 oz/½ Tasse Butter oder Margarine, weich

50 g/2 oz/¼ Tasse Puderzucker (superfein)

3 Eier, getrennt

175 g/6 oz/1½ Tassen einfaches Mehl (Allzweck)

5 ml/1 TL Backpulver

Eine Prise geriebene Muskatnuss

Eine Prise Bodenmasse

120 ml/4 fl oz/½ Tasse Port

30 ml/2 EL Cognac

2/3 Tasse/4 oz/100 g getrocknete gemischte Früchte (Früchtekuchenmischung)

120 ml/4 fl oz/½ Tasse Whisky

Butter und Zucker glatt rühren. Eigelb verrühren. Mehl, Backpulver und Gewürze vermischen und unter die Masse rühren. Portwein, Cognac und Trockenfrüchte unterrühren. Schlagen Sie das Eiweiß, bis sich weiche Spitzen bilden, und heben Sie es dann unter die Mischung. In eine gefettete 450g/1lb-Kastenform füllen und im vorgeheizten Backofen bei 160°C/325°F/Thermostat 3 1 Stunde backen, bis ein in der Mitte gesteckter Zahnstocher herauskommt. In der Form abkühlen lassen, dann den Whisky über den Kuchen gießen und vor dem Anschneiden 24 Stunden in der Form ruhen lassen.

Walisischer Obstkuchen

Ergibt einen 9"/23 cm großen Kuchen

2 oz/¼ Tasse/50 g Butter oder Margarine

50 g/2 oz/¼ Tasse Schmalz (Fett)

225 g/8 oz/2 Tassen einfaches Mehl (Allzweck)

Eine Prise Salz

10 ml/2 TL Backpulver

100 g Demerara-Zucker

175 g/6 oz/1 Tasse gemischte Trockenfrüchte (Obstkuchenmischung)

Abgeriebene Schale und Saft einer halben Zitrone

1 Ei, leicht geschlagen

30 ml/2 EL Milch

Butter oder Margarine und Schmalz in Mehl, Salz und Hefe einreiben, bis die Mischung wie Semmelbrösel aussieht. Zucker, Obst, Zitronenschale und -saft einrühren, dann Ei und Milch verrühren und zu einem weichen Teig verkneten. In eine gefettete und ausgelegte quadratische Form mit 9 cm/23 cm Durchmesser formen und im vorgeheizten Ofen bei 200 °C/Thermostat 6 20 Minuten lang backen, bis der Teig aufgegangen und goldbraun ist.

Weißer Obstkuchen

Ergibt einen 9"/23 cm großen Kuchen

100 g/4 oz/½ Tasse Butter oder Margarine, weich

225 g/8 oz/1 Tasse Puderzucker (superfein)

5 Eier, leicht geschlagen

350 g/12 oz/2 Tassen gemischte Trockenfrüchte

350 g/12 oz/2 Tassen Rosinen (goldene Rosinen)

2/3 Tasse/4 oz/100 g entkernte Datteln (entkernt), gehackt

100 g glasierte Kirschen (kandiert), gehackt

100 g/4 oz/½ Tasse gefrorene Ananas (kandiert), gehackt

100 g/4 oz/1 Tasse gehackte gemischte Nüsse

225 g/8 oz/2 Tassen einfaches Mehl (Allzweck)

10 ml/2 TL Backpulver

2,5 ml/½ TL Salz

60 ml/4 TL Ananassaft

Butter oder Margarine und Zucker cremig rühren, bis die Masse leicht und locker ist. Nach und nach die Eier hinzufügen und nach jeder Zugabe gut verrühren. Alle Früchte, Nüsse und etwas Mehl vermischen, bis die Zutaten gut mit Mehl bedeckt sind. Backpulver und Salz unter das restliche Mehl rühren, dann abwechselnd mit dem Ananassaft unter die Eiermischung rühren, bis alles gut vermischt ist. Die Früchte dazugeben und gut vermischen. In eine gebutterte und mit Backpapier ausgelegte Kuchenform (9/23 cm) füllen und im vorgeheizten Backofen bei 140 °C/275 °F/Thermostat 1 etwa 2½ Stunden backen, bis ein in der Mitte gesteckter Zahnstocher sauber herauskommt. Lassen Sie es 10 Minuten in der Form abkühlen, bevor Sie es zum Abkühlen auf ein Kuchengitter stürzen.

Apfelkuchen

Ergibt einen 8"/20 cm großen Kuchen

175 g/6 oz/1½ Tassen selbstaufgehendes Mehl (selbstaufgehender)

5 ml/1 TL Backpulver

Eine Prise Salz

2/3 Tasse/5 oz/150 g Butter oder Margarine

2/3 Tasse/5 oz/150 g Puderzucker (superfein)

1 geschlagenes Ei

6 fl oz/¾ Tasse Milch

3 Essäpfel (Dessert), geschält, entkernt und in Scheiben geschnitten

2,5 ml/½ TL. Zimt

15 ml / 1 EL klarer Honig

Mehl, Kochpulver und Salz vermischen. Butter oder Margarine einrühren, bis die Mischung wie Semmelbrösel aussieht, dann Zucker hinzufügen. Ei und Milch verrühren. Gießen Sie die Mischung in eine mit Butter bestrichene und ausgekleidete Kuchenform mit 20 cm Durchmesser und drücken Sie die Apfelscheiben vorsichtig darauf. Mit Zimt bestreuen und mit Honig beträufeln. Im vorgeheizten Backofen bei 200 °C/400 °F/Thermostat 6 45 Minuten backen, bis sie goldbraun sind und sich fest anfühlen.

Würziger und knuspriger Apfelkuchen

Ergibt einen 8"/20 cm großen Kuchen

75 g/3 oz/1/3 Tasse Butter oder Margarine

175 g/6 oz/1½ Tassen selbstaufgehendes Mehl (selbstaufgehender)

50 g/2 oz/¼ Tasse Puderzucker (superfein)

1 Ei

75 ml/5 EL Wasser

3 Essäpfel (Dessertäpfel), geschält, entkernt und geviertelt

Für garnieren :

75g/3oz/1/3 Tasse Demerara-Zucker

10 ml/2 EL. Zimt

25 g/1 oz/2 EL Butter oder Margarine

Butter oder Margarine in das Mehl einreiben, bis die Mischung wie Semmelbrösel aussieht. Den Zucker einrühren, dann das Ei und das Wasser zu einem weichen Teig verrühren. Fügen Sie noch etwas Wasser hinzu, wenn die Mischung zu trocken ist. Den Teig in einer 20 cm/8 Zoll großen Kuchenform verteilen und die Äpfel in den Teig drücken. Mit Demerara-Zucker und Zimt bestreuen und mit Butter oder Margarine bestreuen. Im vorgeheizten Backofen bei 180 °C/350 °F/Thermostat 4 30 Minuten backen, bis sie goldbraun sind und sich fest anfühlen.

Amerikanischer Apfelkuchen

Ergibt einen 8"/20 cm großen Kuchen

2 oz/¼ Tasse/50 g Butter oder Margarine, weich

225 g/8 oz/1 Tasse weicher brauner Zucker

1 Ei, leicht geschlagen

5 ml/1 TL Vanilleessenz (Extrakt)

100 g/4 oz/1 Tasse einfaches Mehl (Allzweckmehl)

2,5 ml/½ TL Backpulver

2,5 ml/½ TL Backpulver (Backpulver)

2,5 ml/½ TL Salz

2,5 ml/½ TL. Zimt

2,5 ml/½ TL geriebene Muskatnuss

450 g (Dessert-)Äpfel, geschält, entkernt und gewürfelt

1 oz/¼ Tasse Mandeln, gehackt

Butter oder Margarine und Zucker schaumig rühren, bis sie leicht und locker sind. Nach und nach das Ei und die Vanilleessenz hinzufügen. Mehl, Backpulver, Natron, Salz und Gewürze vermischen und unter die Mischung rühren, bis alles gut vermischt ist. Äpfel und Nüsse unterrühren. In eine gefettete und ausgelegte 20-cm-Quadratform füllen und im vorgeheizten Backofen bei 180 °C/350 °F/Thermostat 4 45 Minuten backen, bis ein in der Mitte gesteckter Zahnstocher sauber herauskommt.

Apfelpüree-Kuchen

Ergibt einen 900 g/2 Pfund schweren Kuchen

100 g/4 oz/½ Tasse Butter oder Margarine, weich

225 g/8 oz/1 Tasse weicher brauner Zucker

2 Eier, leicht geschlagen

225 g/8 oz/2 Tassen einfaches Mehl (Allzweck)

5 ml/1 TL. Zimt

2,5 ml/½ TL geriebene Muskatnuss

100 g/4 oz/1 Tasse Apfelmus (Sauce)

5 ml/1 TL Backpulver (Backpulver)

30 ml/2 EL heißes Wasser

Butter oder Margarine und Zucker cremig rühren, bis die Masse leicht und locker ist. Nach und nach die Eier hinzufügen. Mehl, Zimt, Muskatnuss und Apfelmus unterrühren. Mischen Sie das Backpulver mit dem heißen Wasser und rühren Sie es unter die Mischung. In eine gefettete 900-g-Kastenform (Form) füllen und im vorgeheizten Backofen bei 180 °C/350 °F/Thermostat 4 1½ Stunden backen, bis ein Zahnstocher in der Mitte sauber herauskommt.

Apfelweinkuchen

Ergibt einen 8"/20 cm großen Kuchen

100 g/4 oz/½ Tasse Butter oder Margarine, weich

2/3 Tasse/5 oz/150 g Puderzucker (superfein)

3 Eier

225 g/8 oz/2 Tassen selbstaufgehendes Mehl (selbstaufgehender)

5 ml/1 TL. gemahlene Gewürze (Apfelkuchen)

5 ml/1 TL Backpulver (Backpulver)

5 ml/1 TL Backpulver

¼ pt/2/3 Tasse/150 ml trockener Apfelwein

2 Backäpfel, geschält, entkernt und in Scheiben geschnitten

75g/3oz/1/3 Tasse Demerara-Zucker

100 g/4 oz/1 Tasse gehackte gemischte Nüsse

Butter oder Margarine, Zucker, Eier, Mehl, Gewürze, Natron, Backpulver und 120 ml/4 fl oz/½ Tasse Apfelwein gut verrühren, bei Bedarf den Rest des Apfelweins hinzufügen, bis eine glatte Paste entsteht. Die Hälfte der Masse in eine gefettete und mit Backpapier ausgelegte Kuchenform (20 cm) füllen und mit der Hälfte der Apfelscheiben belegen. Zucker und Nüsse mischen und die Hälfte auf den Äpfeln verteilen. Die restliche Kuchenmischung einfüllen und mit den restlichen Äpfeln und der restlichen Zucker-Nuss-Mischung belegen. Im vorgeheizten Backofen bei 180 °C/350 °F/Thermostat 4 1 Stunde lang backen, bis sie goldbraun sind und sich fest anfühlen.

Apfel-Zimt-Kuchen

Ergibt einen 9"/23 cm großen Kuchen

100 g Butter oder Margarine

100 g/4 oz/½ Tasse Puderzucker (superfein)

1 Ei, leicht geschlagen

100 g/4 oz/1 Tasse einfaches Mehl (Allzweckmehl)

5 ml/1 TL Backpulver

30 ml/2 EL Milch (optional)

2 große Backäpfel, geschält, entkernt und in Scheiben geschnitten

30 ml/2 EL Puderzucker (superfein)

5 ml/1 TL. Zimt

1 oz/¼ Tasse Mandeln, gehackt

30 ml/2 EL Demerara-Zucker

Butter oder Margarine und Zucker cremig rühren, bis die Masse leicht und locker ist. Nach und nach das Ei hinzufügen, dann das Mehl und das Backpulver hinzufügen. Die Mischung sollte ziemlich fest sein; Wenn es zu fest ist, etwas Milch hinzufügen. Die Hälfte der Mischung in eine mit Butter bestrichene und mit Backpapier ausgelegte Springform (9/23 cm) füllen. Die Apfelscheiben darauf anrichten. Zucker und Zimt vermischen und Mandeln über die Äpfel streuen. Mit der restlichen Kuchenmischung belegen und mit Demerara-Zucker bestreuen. Im vorgeheizten Backofen bei 180 °C/Thermostat 4 30 bis 35 Minuten backen, bis ein Zahnstocher in der Mitte sauber herauskommt.

spanischer Apfelkuchen

Ergibt einen 9"/23 cm großen Kuchen

175 g/6 oz/¾ Tasse Butter oder Margarine

6 Cox's Essäpfel (Dessert), geschält, entkernt und geviertelt

30 ml/2 EL. Esslöffel Apfelschnaps

175 g/6 oz/¾ Tasse Puderzucker (superfein)

150 g/5 oz/1¼ Tassen einfaches Mehl (Allzweckmehl)

10 ml/2 TL Backpulver

5 ml/1 TL. Zimt

3 Eier, leicht geschlagen

45 ml/3 EL Milch

Für die Glasur:

60 ml/4 TL Esslöffel Aprikosenmarmelade (aus der Dose), gesiebt (abgesiebt)

15 ml/1 TL Esslöffel Apfelschnaps

5 ml/1 TL. Maisstärke (Maisstärke)

10 ml/2 TL Wasser

Butter oder Margarine in einer großen Pfanne (Bratpfanne) schmelzen und die Apfelstücke bei schwacher Hitze 10 Minuten anbraten, dabei einmal umrühren, damit sie mit der Butter bedeckt sind. Vom Feuer nehmen. Ein Drittel der Äpfel hacken und den Apfelbrand hinzufügen, dann Zucker, Mehl, Backpulver und Zimt unterrühren. Eier und Milch dazugeben und die Mischung in eine gefettete und bemehlte Kuchenform (9/23 cm) füllen. Die restlichen Apfelscheiben darauf verteilen. Im vorgeheizten Backofen bei 180 °C/Thermostat 4 45 Minuten backen, bis der Teig gut aufgegangen und goldbraun ist und an den Rändern der Form zu schrumpfen beginnt.

Für die Glasur Marmelade und Cognac zusammen erwärmen. Die Speisestärke mit dem Wasser zu einer Paste verrühren und unter die Marmelade und den Cognac rühren. Unter Rühren einige Minuten kochen lassen, bis die Flüssigkeit klar ist. Den heißen Kuchen bestreichen und 30 Minuten abkühlen lassen. Entfernen Sie die Seiten der Kuchenform, erhitzen Sie die Glasur erneut und bestreichen Sie sie ein zweites Mal. Abkühlen lassen.

Sultaninen-Apfelkuchen

Ergibt einen 8"/20 cm großen Kuchen

350 g/12 oz/3 Tassen selbstaufgehendes Mehl (selbstaufgehender Mehl)

Eine Prise Salz

2,5 ml/½ TL. Zimt

225 g/8 oz/1 Tasse Butter oder Margarine

175 g/6 oz/¾ Tasse Puderzucker (superfein)

100 g/4 oz/2/3 Tasse Rosinen (goldene Rosinen)

450 g Kochäpfel, geschält, entkernt und fein gehackt

2 Eier

Ein bisschen Milch

Mehl, Salz und Zimt vermischen und dann Butter oder Margarine unterrühren, bis die Mischung wie Semmelbrösel aussieht. Den Zucker einrühren. Machen Sie eine Mulde in der Mitte und geben Sie die Rosinen, Äpfel und Eier hinein und vermischen Sie alles gut. Fügen Sie etwas Milch hinzu, bis eine steife Masse entsteht. In eine gefettete 20-cm-Kuchenform füllen und im vorgeheizten Backofen bei 180 °C/Thermostat 4 etwa 1½ bis 2 Stunden backen, bis er sich fest anfühlt. Heiß oder kalt servieren.

Apfel-Upside-Down-Kuchen

Ergibt einen 9"/23 cm großen Kuchen

2 Essäpfel (Dessert), geschält, entkernt und in dünne Scheiben geschnitten

75 g/3 oz/1/3 Tasse weicher brauner Zucker

45 ml/3 EL. Rosinen

30 ml/2 EL Zitronensaft

Für den Kuchen:

200 g/7 oz/1¾ Tassen einfaches Mehl (Allzweck)

50 g/2 oz/¼ Tasse Puderzucker (superfein)

10 ml/2 TL Backpulver

5 ml/1 TL Backpulver (Backpulver)

5 ml/1 TL. Zimt

Eine Prise Salz

120 ml/4 fl oz/½ Tasse Milch

50 g/2 oz/½ Tasse Apfelmus (Sauce)

75 ml/5 EL Öl

1 Ei, leicht geschlagen

5 ml/1 TL Vanilleessenz (Extrakt)

Äpfel, Zucker, Rosinen und Zitronensaft vermischen und auf den Boden einer gebutterten Kuchenform (9/23 cm) geben. Die trockenen Zutaten für den Kuchen vermischen und in der Mitte eine Mulde formen. Milch, Apfelmus, Öl, Ei und Vanilleessenz vermischen und unter die trockenen Zutaten rühren, bis alles gut vermischt ist. In die Kuchenform füllen und im vorgeheizten Backofen bei 180 °C/Thermostat 4 40 Minuten backen, bis der

Kuchen goldbraun ist und vom Formrand schrumpft. 10 Minuten in der Form abkühlen lassen und dann vorsichtig auf einen Teller stürzen. Warm oder kalt servieren.

Aprikosenbrotkuchen

Ergibt ein 900 g/2 Pfund schweres Brot

8 oz/1 Tasse Butter oder Margarine, weich

225 g/8 oz/1 Tasse Puderzucker (superfein)

2 Eier gut geschlagen

6 reife Aprikosen, entkernt (entkernt), geschält und püriert

300 g/11 oz/2¾ Tassen einfaches Mehl (Allzweck)

5 ml/1 TL Backpulver (Backpulver)

Eine Prise Salz

75 g/3 oz/¾ Tasse Mandeln, gehackt

Butter oder Margarine und Zucker cremig rühren. Nach und nach die Eier unterrühren, dann die Aprikosen unterrühren. Mehl, Backpulver und Salz einrühren. Nüsse unterrühren. In eine gefettete und bemehlte 900-g-Kastenform (Form) füllen und im vorgeheizten Backofen bei 180 °C/Thermostat 4 1 Stunde lang backen, bis ein in die Mitte gesteckter Zahnstocher sauber herauskommt. Vor dem Entformen in der Form abkühlen lassen.

Aprikosen-Ingwer-Kuchen

Ergibt einen 7"/18 cm großen Kuchen

100 g/4 oz/1 Tasse selbstaufgehendes (selbstaufgehendes) Mehl

100 g/4 oz/½ Tasse weicher brauner Zucker

10 ml/2 EL. gemahlener Ingwer

100 g/4 oz/½ Tasse Butter oder Margarine, weich

2 Eier, leicht geschlagen

2/3 Tasse/100 g verzehrfertige getrocknete Aprikosen, gehackt

50 g/2 Unzen/1/3 Tasse Rosinen

Mehl, Zucker, Ingwer, Butter oder Margarine und Eier verrühren, bis sie weich sind. Aprikosen und Rosinen unterrühren. Die Masse in eine mit Butter bestrichene und mit Backpapier ausgelegte Kuchenform (18 cm/7 cm) füllen und im vorgeheizten Backofen bei 180 °C/Thermostat 4 30 Minuten backen, bis ein in der Mitte gesteckter Zahnstocher herauskommt.

Aprikosenkuchen

Ergibt einen 8"/20 cm großen Kuchen

120 ml/4 fl oz/½ Tasse Brandy oder Rum

120 ml/4 fl oz/½ Tasse Orangensaft

8 Unzen / 11/3 Tassen verzehrfertige getrocknete Aprikosen, gehackt

100 g/4 oz/2/3 Tasse Rosinen (goldene Rosinen)

6 oz/¾ Tasse/175 g Butter oder Margarine, weich

45 ml/3 EL klarer Honig

4 Eier, getrennt

175 g/6 oz/1½ Tassen selbstaufgehendes Mehl (selbstaufgehender)

10 ml/2 TL Backpulver

Brandy oder Rum und Orangensaft mit den Aprikosen und Rosinen zum Kochen bringen. Gut vermischen, dann vom Herd nehmen und stehen lassen, bis es abgekühlt ist. Butter oder Margarine und Honig schaumig rühren, dann nach und nach das Eigelb unterrühren. Mehl und Backpulver hinzufügen. Das Eiweiß steif schlagen und vorsichtig unter die Masse heben. In eine mit Butter bestrichene und ausgelegte 20-cm-Kuchenform füllen und im vorgeheizten Backofen bei 180 °C/350 °F/Thermostat 4 1 Stunde lang backen, bis ein Zahnstocher in der Mitte sauber herauskommt. In der Form abkühlen lassen.

Bananenkuchen

Ergibt einen 23 x 33 cm großen Kuchen

4 reife Bananen, zerdrückt

2 Eier, leicht geschlagen

350 g/12 oz/1½ Tassen Puderzucker (superfein)

120 ml/4 fl oz/½ Tasse Öl

5 ml/1 TL Vanilleessenz (Extrakt)

50 g/2 oz/½ Tasse gehackte gemischte Nüsse

225 g/8 oz/2 Tassen einfaches Mehl (Allzweck)

10 ml/2 TL Natron (Backpulver)

5 ml/1 TL Salz

Bananen, Eier, Zucker, Öl und Vanille verrühren. Die restlichen Zutaten hinzufügen und verrühren, bis alles gut vermischt ist. In eine 9 x 13/23 x 33 cm große Kuchenform füllen und im vorgeheizten Backofen bei 180 °C/350 °F/Thermostat 4 45 Minuten backen, bis ein in der Mitte gesteckter Zahnstocher sauber herauskommt.

Knuspriger Bananenkuchen

Ergibt einen 9"/23 cm großen Kuchen

100 g/4 oz/½ Tasse Butter oder Margarine, weich

300 g/11 oz/11/3 Tassen Puderzucker (superfein)

2 Eier, leicht geschlagen

175 g/6 oz/1½ Tassen einfaches Mehl (Allzweck)

2,5 ml/½ TL Salz

1,5 ml/½ TL geriebene Muskatnuss

5 ml/1 TL Backpulver (Backpulver)

75 ml/5 EL Milch

Ein paar Tropfen Vanilleessenz (Extrakt)

4 Bananen, zerdrückt

Für garnieren :

50 g/2 oz/¼ Tasse Demerara-Zucker

2 oz/50 g Cornflakes, zerkleinert

2,5 ml/½ TL. Zimt

25 g/1 oz/2 EL Butter oder Margarine

Butter oder Margarine und Zucker schaumig schlagen. Nach und nach die Eier unterrühren, dann Mehl, Salz und Muskatnuss unterrühren. Natron mit Milch und Vanilleessenz vermischen und mit den Bananen unter die Masse rühren. In eine gebutterte und ausgekleidete quadratische Form mit 23 cm Durchmesser füllen.

Für die Füllung Zucker, Cornflakes und Zimt vermischen und mit Butter oder Margarine einreiben. Über den Kuchen streuen und im vorgeheizten Ofen bei 180 °C/Thermostat 4 45 Minuten lang backen, bis er sich fest anfühlt.

Bananenschwamm

Ergibt einen 9"/23 cm großen Kuchen

100 g/4 oz/½ Tasse Butter oder Margarine, weich

100 g/4 oz/½ Tasse Puderzucker (superfein)

2 geschlagene Eier

2 große reife Bananen, zerdrückt

225 g/8 oz/1 Tasse selbstaufgehendes Mehl (selbstaufgehender)

45 ml/3 EL Milch

                        Für die Füllung und das Topping:
225 g/8 oz/1 Tasse Frischkäse

30 ml/2 EL. süße und saure Sahne

100g getrocknete Bananenchips

Butter oder Margarine und Zucker cremig rühren, bis die Masse hell und schaumig ist. Nach und nach die Eier hinzufügen, dann die Bananen und das Mehl unterrühren. Die Milch einrühren, bis die Masse eine tropfenartige Konsistenz hat. In eine gefettete und mit Backpapier ausgelegte Kuchenform (9 cm/23 cm) füllen und im vorgeheizten Backofen bei 180 °C/350 °F/Thermostat 4 etwa 30 Minuten backen, bis ein in die Mitte gesteckter Zahnstocher sauber herauskommt. Auf ein Kuchengitter stürzen, abkühlen lassen und dann waagerecht halbieren.

Für die Füllung Frischkäse und Sauerrahm verrühren und mit der Hälfte der Mischung die beiden Kuchenhälften dazwischen verteilen. Den Rest der Masse darauf verteilen und mit den Bananenchips dekorieren.

Ballaststoffreicher Bananenkuchen

Ergibt einen 7"/18 cm großen Kuchen

100 g/4 oz/½ Tasse Butter oder Margarine, weich

50 g/2 oz/¼ Tasse weicher brauner Zucker

2 Eier, leicht geschlagen

100 g/4 oz/1 Tasse Vollkornmehl (Vollkorn)

10 ml/2 TL Backpulver

2 Bananen, zerdrückt

Für die Füllung:

225 g/8 oz/1 Tasse Käsebruch (glatter Hüttenkäse)

5 ml/1 TL Zitronensaft

15 ml / 1 EL klarer Honig

1 Banane, in Scheiben geschnitten

Puderzucker (Süßwaren), gesiebt, zum Bestäuben

Butter oder Margarine und Zucker cremig rühren, bis die Masse leicht und locker ist. Nach und nach die Eier unterrühren, dann das Mehl und das Backpulver unterrühren. Die Bananen vorsichtig unterrühren. Die Mischung auf zwei gefettete, mit Backpapier ausgelegte Kuchenformen (7 cm/18 cm) verteilen und im vorgeheizten Ofen 30 Minuten lang backen, bis sie sich fest anfühlt. Abkühlen lassen.

Für die Füllung Frischkäse, Zitronensaft und Honig verrühren und auf einem der Kuchen verteilen. Die Bananenscheiben darauf legen und mit dem zweiten Kuchen bedecken. Mit Puderzucker bestreut servieren.

Bananen-Zitronen-Kuchen

Ergibt einen 7"/18 cm großen Kuchen

100 g/4 oz/½ Tasse Butter oder Margarine, weich

175 g/6 oz/¾ Tasse Puderzucker (superfein)

2 Eier, leicht geschlagen

225 g/8 oz/2 Tassen selbstaufgehendes Mehl (selbstaufgehender)

2 Bananen, zerdrückt

Für die Füllung und das Topping:

75 ml/5 EL. Zitronenquark

2 Bananen, in Scheiben geschnitten

45 ml/3 EL Zitronensaft

2/3 Tasse/4 oz/100 g Puderzucker, gesiebt

Butter oder Margarine und Zucker cremig rühren, bis die Masse leicht und locker ist. Fügen Sie nach und nach die Eier hinzu und schlagen Sie sie nach jeder Zugabe gut durch. Fügen Sie dann das Mehl und die Bananen hinzu. Die Masse auf zwei gefettete und mit Backpapier ausgelegte 7/18-cm-Sandwichformen verteilen und im vorgeheizten Backofen bei 180 °C/Thermostat 4 30 Minuten backen. Aus der Form nehmen und abkühlen lassen.

Die Kuchen mit Zitronenquark und der Hälfte der Bananenscheiben belegen. Restliche Bananenscheiben mit 15 ml/1 EL beträufeln. Zitronensaft. Den restlichen Zitronensaft mit dem Puderzucker zu einer steifen Glasur (Glasur) verrühren. Den Zuckerguss auf dem Kuchen verteilen und mit den Bananenscheiben dekorieren.

Schokoladen-Bananen-Kuchen im Mixer

Ergibt einen 8"/20 cm großen Kuchen

225 g/8 oz/2 Tassen selbstaufgehendes Mehl (selbstaufgehender)

2,5 ml/½ TL Backpulver

40 g/1½ oz/3 EL Trinkschokoladenpulver

2 Eier

60 ml/4 EL Milch

2/3 Tasse/5 oz/150 g Puderzucker (superfein)

100 g/4 oz/½ Tasse weiche Margarine

2 reife Bananen, gehackt

Mehl, Backpulver und Trinkschokolade vermischen. Mischen Sie die restlichen Zutaten etwa 20 Sekunden lang in einem Mixer oder einer Küchenmaschine – die Mischung sieht geronnen aus. Die trockenen Zutaten dazugeben und gut vermischen. In eine mit Butter bestrichene und ausgelegte Kuchenform (8 Zoll/20 cm) füllen und im vorgeheizten Backofen bei 180 °C/350 °F/Thermostat 4 etwa 1 Stunde lang backen, bis ein in der Mitte gesteckter Zahnstocher sauber herauskommt. Zum Abkühlen auf ein Kuchengitter stürzen.

Bananen-Erdnuss-Kuchen

Ergibt einen 900 g/2 Pfund schweren Kuchen

275 g/10 oz/2½ Tassen einfaches Mehl (Allzweck)

225 g/8 oz/1 Tasse Puderzucker (superfein)

100 g Erdnüsse, fein gehackt

15 ml/1 EL Backpulver

Eine Prise Salz

2 Eier, getrennt

6 zerdrückte Bananen

Abgeriebene Schale und Saft einer kleinen Zitrone

2 oz/¼ Tasse/50 g Butter oder Margarine, geschmolzen

Mehl, Zucker, Nüsse, Backpulver und Salz vermischen. Das Eigelb verquirlen und mit den Bananen, Zitronenschale und -saft sowie Butter oder Margarine unter die Masse rühren. Das Eiweiß steif schlagen und dann unter die Masse heben. In eine gefettete 900-g-Kastenform (Form) füllen und im vorgeheizten Backofen bei 180 °C/350 °F/Thermostat 4 1 Stunde lang backen, bis ein in die Mitte gesteckter Zahnstocher herauskommt.

All-in-One-Bananen-Rosinen-Kuchen

Ergibt einen 900 g/2 Pfund schweren Kuchen

450 g/1 Pfund reife Bananen, püriert

50 g/2 oz/½ Tasse gehackte gemischte Nüsse

120 ml/4 fl oz/½ Tasse Sonnenblumenöl

100g/4oz/2/3 Tasse Rosinen

75 g/3 oz/¾ Tasse Haferflocken

150 g/5 oz/1¼ Tassen Vollkornmehl (Vollkorn)

1,5 ml/¼ TL Mandelessenz (Extrakt)

Eine Prise Salz

Alle Zutaten vermischen, bis eine weiche und feuchte Masse entsteht. In eine gefettete und ausgelegte 900-g-Kastenform (Dose) füllen und im vorgeheizten Ofen bei 190 °C/375 °F/Thermostat 5 1 Stunde lang backen, bis er goldbraun ist und ein in die Mitte gesteckter Zahnstocher sauber herauskommt. Vor dem Entformen 10 Minuten in der Form abkühlen lassen.

Bananen-Whisky-Kuchen

Ergibt einen 10"/25 cm großen Kuchen

8 oz/1 Tasse Butter oder Margarine, weich

450 g/1 Pfund/2 Tassen weicher brauner Zucker

3 reife Bananen, zerdrückt

4 Eier, leicht geschlagen

1½ Tassen/6 oz/175 g Pekannüsse, grob gehackt

225 g/8 oz/1 1/3 Tassen Rosinen (goldene Rosinen)

350 g/12 oz/3 Tassen einfaches Mehl (Allzweckmehl)

15 ml/1 EL Backpulver

5 ml/1 TL. Zimt

2,5 ml/½ TL. gemahlener Ingwer

2,5 ml/½ TL geriebene Muskatnuss

150 ml/¼ Pint/2/3 Tasse Whisky

Butter oder Margarine und Zucker cremig rühren, bis die Masse leicht und locker ist. Die Bananen unterrühren, dann nach und nach die Eier unterrühren. Walnüsse und Rosinen mit einem großen Löffel Mehl vermischen, dann in einer separaten Schüssel das restliche Mehl mit dem Backpulver und den Gewürzen vermischen. Das Mehl abwechselnd mit dem Whisky zur Sahnemischung geben. Nüsse und Rosinen unterrühren. Gießen Sie die Mischung in eine ungefettete Kuchenform (25 cm/10 cm) und backen Sie sie im vorgeheizten Backofen bei 180 °C/350 °F/Thermostat 4 1½ Stunden lang, bis sie sich federnd anfühlt. Lassen Sie es 10 Minuten in der Form abkühlen, bevor Sie es zum Abkühlen auf ein Kuchengitter stürzen.

Blaubeerkuchen

Ergibt einen 9"/23 cm großen Kuchen

175 g/6 oz/¾ Tasse Puderzucker (superfein)

60 ml/4 EL Öl

1 Ei, leicht geschlagen

120 ml/4 fl oz/½ Tasse Milch

225 g/8 oz/2 Tassen einfaches Mehl (Allzweck)

10 ml/2 TL Backpulver

2,5 ml/½ TL Salz

225 g Blaubeeren

Für garnieren :
2 oz/¼ Tasse/50 g Butter oder Margarine, geschmolzen

100 g/4 Unzen/½ Tasse Kristallzucker

2 oz/50 g/¼ Tasse einfaches Mehl (Allzweck)

2,5 ml/½ TL. Zimt

Zucker, Öl und Ei verrühren, bis eine glatte, helle Masse entsteht. Die Milch hinzufügen, dann Mehl, Backpulver und Salz vermischen. Blaubeeren unterrühren. Die Mischung in eine gebutterte und bemehlte Kuchenform (9/23 cm) füllen. Topping-Zutaten vermischen und über die Mischung streuen. Im vorgeheizten Backofen bei 190 °C/Thermostat 5 50 Minuten backen, bis ein Zahnstocher in der Mitte sauber herauskommt. Heiß servieren.

Kieselkuchen mit Kirschen

Ergibt einen 900 g/2 Pfund schweren Kuchen

6 oz/¾ Tasse/175 g Butter oder Margarine, weich

175 g/6 oz/¾ Tasse Puderzucker (superfein)

3 geschlagene Eier

225 g/8 oz/2 Tassen einfaches Mehl (Allzweck)

2,5 ml/½ TL Backpulver

100 g/4 oz/2/3 Tasse Rosinen (goldene Rosinen)

2/3 Tasse/5 oz/150 g glasierte Kirschen (kandiert), geviertelt

8 oz/225 g frische Kirschen, entkernt (entkernt) und halbiert

30 ml/2 EL Aprikosenmarmelade (vorrätig)

Butter oder Margarine weich schlagen, dann Zucker einrühren. Die Eier, dann das Mehl, das Backpulver, die Rosinen und die kandierten Kirschen unterrühren. In eine gefettete 900-g-Kastenform (Form) füllen und im vorgeheizten Backofen bei 160 °C/Thermostat 3 2½ Stunden backen. 5 Minuten in der Form ruhen lassen, dann aus der Form auf ein Kuchengitter stürzen und abkühlen lassen.

Die Kirschen in einer Reihe auf dem Kuchen anordnen. Die Aprikosenmarmelade in einem kleinen Topf zum Kochen bringen, dann abseihen (seihen) und die Oberseite des Kuchens bestreichen, um ihn zu glasieren.

Kirsch-Kokos-Kuchen

Ergibt einen 8"/20 cm großen Kuchen

350 g/12 oz/3 Tassen selbstaufgehendes Mehl (selbstaufgehender Mehl)

175 g/6 oz/¾ Tasse Butter oder Margarine

8 oz/1 Tasse glasierte Kirschen (kandiert), geviertelt

100 g/4 oz/1 Tasse Kokosraspeln (gerieben)

175 g/6 oz/¾ Tasse Puderzucker (superfein)

2 große Eier, leicht geschlagen

200 ml/7 fl oz/kleine 1 Tasse Milch

Geben Sie das Mehl in eine Schüssel und rühren Sie Butter oder Margarine unter, bis die Mischung wie Semmelbrösel aussieht. Die Kirschen in die Kokosnuss mischen, dann mit dem Zucker zur Mischung geben und leicht verrühren. Die Eier und den Großteil der Milch hinzufügen. Gut verrühren und bei Bedarf zusätzliche Milch hinzufügen, um eine weiche Tropfenkonsistenz zu erhalten. In eine mit Butter bestrichene und ausgekleidete Kuchenform von 20 cm Durchmesser füllen. Im vorgeheizten Backofen bei 180 °C/Thermostat 4 1½ Stunden backen, bis ein Zahnstocher in der Mitte sauber herauskommt.

Sultaninen-Kirsch-Kuchen

Ergibt einen 900 g/2 Pfund schweren Kuchen

100 g/4 oz/½ Tasse Butter oder Margarine, weich

100 g/4 oz/½ Tasse Puderzucker (superfein)

3 Eier, leicht geschlagen

100 g/4 oz/½ Tasse glasierte Kirschen (kandiert)

350 g/12 oz/2 Tassen Rosinen (goldene Rosinen)

175 g/6 oz/1½ Tassen einfaches Mehl (Allzweck)

Eine Prise Salz

Butter oder Margarine und Zucker cremig rühren, bis die Masse leicht und locker ist. Nach und nach die Eier hinzufügen. Die Kirschen und Rosinen in etwas Mehl wenden, um sie zu bedecken, dann das restliche Mehl mit dem Salz unter die Mischung rühren. Kirschen und Rosinen unterrühren. Die Masse in eine gefettete und mit Backpapier ausgelegte 900-g-Kastenform (Form) füllen und im vorgeheizten Backofen bei 160 °C/Thermostat 3 1½ Stunden backen, bis ein in die Mitte gesteckter Zahnstocher sauber herauskommt.

www.ingramcontent.com/pod-product-compliance
Lightning Source LLC
Chambersburg PA
CBHW070405120526
44590CB00014B/1270